Robert Cecil Hitlers Griff nach Rußland

Robert Cecil

Hitlers Griff nach Rußland

Verlag Styria Graz Wien Köln

Ins Deutsche übertragen von Gisela Bühler-Heinen
Der Titel der englischen Originalausgabe lautet
„Hitler's Decision to Invade Russia 1941"
und erschien bei Davis-Poynter Limited, London

1977 Verlag Styria Graz Wien Köln

Printed in Austria
Umschlaggestaltung: Christoph Albrecht
Umschlagphoto: Photo Reger, München
Satz und Druck: Druck- und Verlagshaus Styria, Graz
Bindung: Wiener Verlag, Himberg bei Wien
ISBN 3-222-11027-1

Inhalt

Wir ziehen hinaus in die Ferne,
Vom Dunkel der Nacht noch umloht;
Im Osten verblassen die Sterne,
Vorwärts ins Morgenrot!

HITLERJUGEND-LIED

Abkürzungen

DBFP	Documents on British Foreign Policy (Dokumente der britischen Außenpolitik)
DGFP	Documents on German Foreign Policy (Dokumente der deutschen Außenpolitik)
GPU	Gossodarstvenoje Poletitscheskoje Uprawlenje (Staatliche politische Verwaltung = sowjetische Geheimpolizei)
IMT	Internationales Militär-Tribunal
KTB	Kriegstagebuch
NKWD	Narodnij Komisariat Wnutrennich Djel (Sowjetisches Volkskommissariat für innere Angelegenheiten)
NSDAP	Nationalsozialistische Deutsche Arbeiterpartei
OKH	Oberkommando des Heeres
OKW	Oberkommando der Wehrmacht
SA	Sturm-Abteilung
SD	Sicherheitsdienst
SS	Schutzstaffel
VfZg	Vierteljahreshefte für Zeitgeschichte

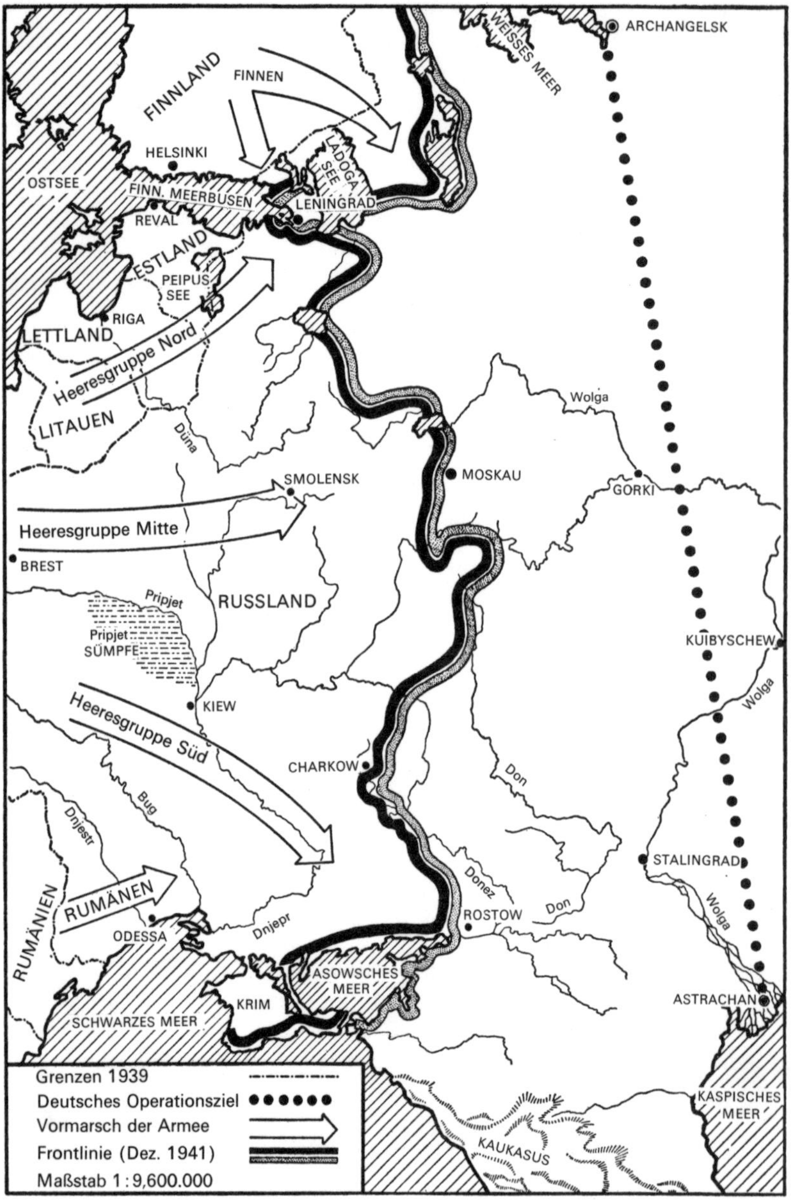
ARCHANGELSK
WEISSES MEER
FINNLAND
FINNEN
HELSINKI
LADOGA SEE
OSTSEE
FINN. MEERBUSEN
LENINGRAD
REVAL
ESTLAND
PEIPUS SEE
RIGA
LETTLAND
Heeresgruppe Nord
LITAUEN
Düna
Wolga
MOSKAU
GORKI
SMOLENSK
Heeresgruppe Mitte
BREST
Pripjet
RUSSLAND
Pripjet SÜMPFE
KUIBYSCHEW
Wolga
KIEW
Heeresgruppe Süd
CHARKOW
Don
Bug
Dnjestr
STALINGRAD
Donez
RUMÄNIEN
RUMÄNEN
ROSTOW
Don
Wolga
ODESSA
Dnjepr
ASOWSCHES MEER
ASTRACHAN
KRIM
SCHWARZES MEER
Grenzen 1939
Deutsches Operationsziel
Vormarsch der Armee
Frontlinie (Dez. 1941)
Maßstab 1 : 9,600.000
KASPISCHES MEER
KAUKASUS

1. Teutonen und Slawen

Joseph Goebbels schloß seinen Artikel in *Das Reich* vom 6. Juli 1941 mit den Worten: „Der Marschbefehl des Führers an die deutsche Wehrmacht in der Nacht zum 22. Juni war eine welthistorische Tat. Sie wird wahrscheinlich als die entscheidende in die Geschichte des Krieges eingehen.“[1]

Dieses eine Mal sagte der große Betrüger die Wahrheit. Ein Kenner der Materie geht sogar noch weiter: „Sobald es einmal möglich sein wird, die Geschichte des 20. Jahrhunderts ganz zu überblicken, wird man vielleicht finden, daß sie von einem einzigen Ereignis beherrscht wird: von Hitlers Invasion in Rußland.“[2] Wenn dieses Urteil gerechtfertigt ist, brauche ich mich nicht zu entschuldigen, daß ich den Lesern eine neue Interpretation der Motive und begleitenden Umstände anbiete, die zu Hitlers Entscheidung führten.

Schauen wir uns zunächst einmal dieses Urteil an, bevor wir beginnen, uns mit der Entscheidung auseinanderzusetzen. Erstens: Hitlers fataler Irrtum — und seine Weigerung, auch nur die Möglichkeit eines Kompromiß-Friedens mit Stalin zu überdenken — war nicht nur die Ursache dafür, daß Deutschland den Krieg verlieren würde, sondern daß die Russen in das Herz Europas hineingezogen würden, wenn sie die zurückweichenden Truppen des Dritten Reiches verfolgten. Zweitens: Der Untergang Deutschlands und die nachfolgende Teilung des Landes spielten zumindest eine genauso große Rolle wie die Niederlage Frankreichs und die Erschöpfung Großbritanniens. Das führte dazu, daß Europa nie wieder die Weltpolitik beherrschen sollte wie in der Vergangenheit. Drittens: Die Ausschaltung Europas als eines unabhängigen Machtfaktors und die Besetzung Nachkriegs-Deutschlands durch die USA und die UdSSR wirkten verhängnisvoll an der Konfrontation des kalten Krieges mit; diese wurde noch durch die ideologischen Meinungsverschiedenheiten der beiden Supermächte verschärft. Hitler ahnte diese Entwicklung früher als die meisten, als er in seinem Testament im Februar 1945 schrieb: „Die Gesetze der Geschichte und der Geographie werden diese beiden Staaten zu einer Kraftprobe zwingen, entweder militärisch oder auf dem Gebiet der Wirtschaft und der Ideologie. Wegen dieser Gesetze ist es unumgänglich, daß diese beiden Staaten Europas Feinde werden."[3] Man muß nicht ein desillusionierter Diktator sein, um zu sehen, daß es gegen die Interessen ganz Europas ist, unter zwei Supermächten aufgeteilt zu sein, deren Einflußbereich weit über die Grenzen Europas hinausreicht.

Die deutsche Kapitulation kennzeichnete das Ende einer anderen Epoche, des Jahrhunderte währenden Kampfes zwischen den Teutonen und Slawen. Dieser Kampf kann hier nicht erschöpfend untersucht werden, aber er muß mit in Betracht gezogen werden, weil er den Hintergrund für Hitlers Entscheidung darstellt. Im nächsten Kapitel werden wir seine rassischen und ideologischen Vorurteile untersuchen und seine größenwahnsinnige Ansicht, daß sein Schicksal mit dem der germanischen Völker verschmolzen sei. Diese Ansicht und die Vorurteile wurden nicht von allen Deutschen geteilt, nicht einmal von der gesamten NSDAP; aber im Dritten Reich herrschte ein Meinungsklima, das solche Ansichten und Vorurteile tolerierte, selbst dort, wo sie insgesamt nicht gutgeheißen wurden. Ein Aspekt dieser beklagenswerten Toleranz berührte die traditionelle Haltung der Teutonen gegenüber den slawischen Völkern und half den Verstand derer zu formen, die den Feldzug mitplanten und mit solch skrupelloser Grausamkeit durchführten.

Wie sonst ist es zu erklären, daß neben Hitler so viele Deutsche glaubten, Rußland werde — im Gegensatz zu den Lehren der Geschichte — in einem kurzen, ungenügend vorbereiteten Feldzug schnell unterworfen sein? Wie anders ist es zu erklären, daß die Wehrmacht, die im Westen einen ehrenhaften Feldzug geführt hatte, es unterließ, vor dem Ausbruch des russischen Krieges offen dagegen zu protestieren, die eroberten Gebiete bei ihrem Vordringen der SS zu überlassen, obwohl sie aus den Erfahrungen in Polen genau wußte, welches Schicksal die Bevölkerung erwartete? Wie anders ist es zu erklären, daß die deutschen Militärplaner keinerlei Vorkehrungen für die russischen Kriegsgefangenen trafen, die — genau ihren Erwartungen entsprechend — in so großer Zahl im ersten Stadium des Krieges in ihre Hände fielen und von denen viele so jammervoll in der Gefangenschaft starben? Diese und andere Fragen können nicht allein mit Hitlers sadistischem Geist und seiner Herrschaft über die Köpfe seiner Untergebenen beantwortet werden. Ideen von rassischer Überlegenheit und historischem Schicksal waren nicht das ausschließliche Eigentum Hitlers und der NSDAP. Sie lagen im nationalen Bewußtsein vergraben und erwarteten den dämonischen Ruf des deutschen Führers. In diesem Sinne stellte weder das Jahr 1933 noch das Jahr 1941 einen Bruch mit der Vergangenheit dar.

Obwohl wir die zweifelhafte nationalsozialistische Prämisse, daß rassische Faktoren die Geschichte einer Nation bestimmen, nicht akzeptieren dürfen, müssen wir doch zu Beginn einräumen, daß die Bewegungen der Völker in Mittel- und Osteuropa in verschiedenen Perioden seit dem 5. Jahrhundert ethnographische und demographische Strukturen geschaffen haben, die die Fähigkeiten der friedliebendsten Völker und der aufgeklärtesten Staatsmänner auf eine harte Probe gestellt hätten. Die frühen Slawen, die zwischen dem 5. und 7. Jahrhundert nach Westen bis zu einer Linie zogen, die ungefähr von der Elbe zur Adria verlief, gaben den teutonischen Stämmen, denen sie begegneten, den Namen „Niemcy“ oder Stumme. Eine dieser Stammesgruppen, die

Goten, gaben den slawischen Völkern ihren Namen, indem sie sie zum erstenmal „Slaven“ oder „Stille“ nannten.[4] Seitdem ist es immer bei einem „dialogue des sourds“, einem Dialog der Tauben, geblieben.

Manchmal wurde angenommen, daß der Konflikt zwischen Teutonen und Slawen durch religiöse Differenzen verschärft worden sei. An dieser Betrachtungsweise ist sicher einiges wahr, soweit es die Kolonisation des baltischen Küstenstreifens durch den Deutschen Ritterorden betrifft — übrigens ein Lieblingsthema nationalsozialistischer Mythologie. Aber in der Religion können wir keine Erklärung für die Feindschaft zwischen teutonischen Rittern und Polen finden, denn beide Seiten waren römisch-katholisch. Weiter südlich gilt das gleiche für die Westslawen in Böhmen und Mähren und die benachbarten Bayern, obwohl es in den Hussitischen Kriegen manchmal schwierig war, zwischen rassisch bedingter Feindschaft und der Unterdrückung einer Irrlehre zu unterscheiden. Später brachten die Habsburger die Gegenreformation nach Schlesien: gegen die slawischen und die deutschen Protestanten, ohne dabei die beiden rassischen Gruppen viel näher zusammenzubringen.

Aufschlußreicher für unser Thema ist der Streit der deutschen und der slawischen Archäologen und Historiker über die Ursprünge der Zivilisation und Urbanisierung in Mittel- und Osteuropa. Westliche Autoren, deutsche eingeschlossen, haben gewöhnlich die Zeugnisse unterschätzt, nach denen sich im Mittelalter die Kultur entlang der Wasserwege ausgebreitet hat, die das Schwarze Meer mit der Ostsee verbinden, ähnlich wie entlang der Salzwasserküste Westeuropas und des Mittelmeerraumes. Wo die Beweise für eine Urbanisierung in slawischen Landstrichen unwiderlegbar waren — etwa im Königreich Kiew —, wurden sie nicht dem Talent einheimischer Slawen, sondern dem nordischen Einfluß der Varanger — auch sie Kulturhelden des Nationalsozialismus — zugeschrieben. Als Folge wurde weiterhin angenommen, daß Zivilisation und Kultur sich immer von Westen nach Osten bewegten und daß ihre Vorboten die teutonischen Völker gewesen seien, welche zwischen dem 11. und 15. Jahrhundert in diese Richtung vorstießen. Die letzte Schlußfolgerung war der feste Glaube, daß die Teutonen — im Gegensatz zu den Slawen — die große zivilisatorische Kraft waren, unter deren Führung die rückständige Rasse der Slawen erst in der Lage war, Städte zu bauen, Staaten zu gründen oder ihre eigene Kultur zu schaffen.

Wenn einmal die Verachtung für eine andere Rasse Wurzeln geschlagen hat, ist es leicht, zusätzliche Belege für diese Geringschätzung zu finden. Die Versuchung dazu war im 19. Jahrhundert besonders stark, als die industrielle Revolution — aus Gründen, die nichts mit Rasse zu tun hatten — kaum über die Linie von der Elbe zum Sudetengebirge nach Osten vordrang. Aus dieser Tatsache leitete sich die Überzeugung ab, die fast bis ins Atomzeitalter hinein überlebte: daß die slawischen Völker technologisch dumm seien. Deutsche Kolonisation folgte nicht überall einem logischen Plan. Preußen war von teutonischen Rittern mit Feuer und Schwert erobert worden; so wurde der Grundstein für den großen „Junker"-Staat in einem schwach besiedelten Land gelegt, wo slawische Arbeitskräfte weiterhin gebraucht wurden. Weiter im Norden und Osten überlebte ein größerer Teil der eingeborenen Bevölkerung, und die deutsche Besiedlung beschränkte sich im wesentlichen auf die Großgrundbesitzer, die „Baltischen Barone", und die Handelsleute in Städten wie Riga und Memel. In Schlesien gingen Germanisierung und Industrialisierung Hand in Hand, nachdem Friedrich der Große diese Provinz erobert hatte. Die Möglichkeit einer freundschaftlichen Zusammenarbeit zwischen Teutonen und Slawen in dieser Gegend wurde verhängnisvoll durch den Entschluß der Hohenzollern beeinträchtigt, Schlesien mit Ostpreußen zu verbinden. Gegen Ende des 18. Jahrhunderts beteiligten sich Preußen, Rußland und Österreich an aufeinanderfolgenden Aufteilungen Polens, die durch den allgemeinen Besiedlungsvertrag von 1815 bestätigt wurden.

Seit Preußen als Großmacht auftrat, hatten seine Beziehungen zu Rußland den Charakter einer antipolnischen Verschwörung. Die Feindschaft Frankreichs und die Notwendigkeit, einen Zweifrontenkrieg zu vermeiden, nötigten Bismarck außerdem, diese Freundschaft hochzuhalten. Zu Hause jedoch betrieb er eine antislawische Politik; sein Kulturkampf richtete sich genauso gegen die Polen als Slawen wie gegen die Polen als Katholiken. Das Zweite Reich richtete 1886 eine „Deutsche Siedlungskommission" ein, die Land für deutsche Bauern aufkaufte, die verpflichtet wurden, nur deutsche Frauen zu heiraten. 1908 wurde die Kommission ermächtigt, polnischen Besitz zu enteignen.[5] Zwei Faktoren führten dazu, daß sich die deutschen Beziehungen nicht nur zu den Polen, sondern auch zu den entfernteren Russen verschlechterten. Einer war die Furcht vor der höheren Geburtenrate der Slawen. Hitler sprach zu Rauschning von den Slawen als einer „minderwertigen, sich wie das Ungeziefer vermehrenden Rasse";[6] wenn man ihnen Land wegnähme, würde man ihre Fruchtbarkeit verringern. Diese Meinung war im deutschen Volk verbreitet, lange ehe die NSDAP bestand. Die Junker befanden sich tatsächlich in einem Dilemma; sie konnten ihre Güter nur mit slawischen Arbeitskräften bewirtschaften. Aber wenn sie das taten, verschlechterten sie das Verhältnis zwischen der slawischen und der deutschen Bevölkerung. So mußte man schließlich zu einwandernden Arbeitskräften Zuflucht nehmen. 1912 stellte der Reichstag mit Entsetzen fest, daß die preußische Wirtschaft praktisch von dem jahreszeitbedingten Zustrom von rund 750.000 Arbeitern abhing, von denen die meisten aus dem russischen Polen kamen.[7]

Der zweite Faktor, der die russisch-deutschen Beziehungen zunehmend beeinträchtigte, war das Wachstum des Pan-Slawismus und des Pan-Germanismus, die sich gegenseitig herausforderten. Wo deutsche Gemeinwesen, manche erstreckten sich im Osten bis zur Wolga, seit langem blühten, kam es zu neuen Repressalien. Sogar in den baltischen Provinzen, wo Volksdeutsche Außergewöhnliches für die russische Verwaltung und das russische Militär geleistet hatten, wurde die Diskriminierung spürbar. Zwischen 1881 und 1897 fiel der Anteil der deutschen Bevölkerung in der lettischen Provinz um ca. 40 Prozent.[8] Gegen Ende des 19. Jahrhunderts lebten noch 1,8 Millionen Volksdeutsche in Rußland außerhalb der baltischen Provinzen, die Prototypen der von den SS-Theoretikern so geliebten Wehrbauern. Aber ihr Überleben als Inseln germanischer Kultur wurde immer unsicherer. Die Frage, der sich die Apostel des Pan-Germanismus gegenübergestellt sahen, war: Sollte eine Rettungsaktion arrangiert werden, um die Volksdeutschen heimzubringen, oder sollten die Grenzen des Reiches so weit ausgedehnt werden, daß sie mit eingeschlossen waren?

Ein führender Kritiker von Bismarcks russophiler Außenpolitik war Paul de Lagarde, einer der von den Nazis geehrten Vorläufer, die glaubten, daß Deutschland sich bis zu seinen „natürlichen Grenzen" ausdehnen sollte — auf Kosten Rußlands.[9] Ein anderer war Paul Rohrbach; er hatte, wie Alfred Rosenberg im Baltikum geboren und in Rußland erzogen, im Reich Karriere gemacht. Rohrbach, ein energischer Verfechter der Mitteleuropa-Politik, trat während des Ersten Weltkriegs „für eine Trennung der west-russischen Völker von ihren groß-russischen Herren"[10] ein und plädierte für eine unabhängige Ukraine und einen kaukasischen Bund unter deutschem Einfluß. Diese Ideen, die wie mächtige Schatten die späteren Rosenbergschen Vorstellungen vorausahnen ließen, beeinflußten die Politik des Generals Max Hoffmann und des deutschen Kommandos Ober-Ost in der letzten Phase des Krieges. Sie enthielten Pläne zur deutschen Besiedlung und Kolonisierung des Ostens, wie sie später in übertriebener Form in Himmlers „Generalplan Ost" entwikkelt wurden.[11] Ein deutscher Nachkriegshistoriker schrieb über Hitler: „Gaskammern und Todeslager gab es vor seiner Zeit natürlich nicht, aber die Generallinie seiner Politik kann weit in die Geschichte zurückverfolgt werden."[12]

In dem Vierteljahrhundert, seit Bismarck seine leitende Hand zurückzog bis zum Ausbruch des Ersten Weltkriegs, kann man zwei sich widersprechende Haltungen gegenüber

Rußland erkennen, die sich auch in Hitlers Denken widerspiegelten. Einerseits verachtete man die Slawen und ihre administrative und technologische Unfähigkeit, worüber wir schon gesprochen haben. Darauf gründeten Schlußfolgerungen, die man aus den Siegen an der Ostfront zwischen 1914 und 1918 zog: daß nämlich Rußland ohne große Anstrengungen ein Opfer deutscher Waffengewalt sein würde.

Andererseits gab es die unbehagliche Furcht, daß es nicht lange so bleiben werde; daß Rußland möglicherweise in der modernen Welt auftreten und dann, wenn dies endlich geschähe, durch seinen ungeheuren Reichtum an Menschenpotential unzerstörbar sein würde. Zu Beginn dieses Jahrhunderts sah eine 65 Millionen starke deutsche Bevölkerung jenseits ihrer östlichen Grenze einen Koloß von 170 Millionen, der dreimal so schnell wuchs wie sie selbst. Deutschland fehlten natürliche Grenzen, und — wie die Kriegs-Blockade bald zeigen sollte — ihm fehlten auch die Rohstoffe, um einen langen Krieg aushalten zu können. Prof. Andreas Hillgruber formulierte treffend: „Sozialdarwinistische Vorstellungen von einem unaufhaltsamen Wachstum Rußlands und seines Potentials zusammen mit der ‚völkischen' Auffassung vom unüberbrückbaren Gegensatz von ‚Slawentum' und ‚Germanentum' (in den Anfängen schon vor der Jahrhundertwende in der deutschen Führungsschicht vertreten) sowie ein mechanistisches Zahlendenken des Großen Generalstabes auf Grund der russischen Rüstung liefen dabei in ihren Konsequenzen auf die gleiche fatale Überzeugung hinaus, daß Deutschland immer mehr in eine Zwangslage hineingeriet."[13]

Bevor Schlieffen 1891 Stabschef wurde, sahen deutsche Pläne für den gefürchteten Zweifrontenkrieg vor, daß der erste Schlag gegen Rußland zu führen sei, während man an der westlichen Front Gewehr bei Fuß stand. Weil Rußland aber nur sehr langsam mobilisieren konnte und sein Transportsystem erst in den Anfängen steckte, drehte Schlieffen die Reihenfolge um: Deutschland sollte wie ein Blitz zuerst im Westen zuschlagen, ehe die russische „Dampfwalze" in

Schwung käme. Anzeichen von Rußlands Schwäche während des Japan-Krieges 1904 schienen den neuen Plan zu rechtfertigen. Einige hielten allerdings dagegen, daß Deutschland die Chance für einen Präventivschlag gegen Rußland zu diesem Zeitpunkt bereits verpaßt habe. Dieses Versagen quälte Kanzler von Bethmann-Hollweg. Nach 1909 war er besessen von der Furcht vor der ernsten Bedrohung, zu der Rußland werde, wenn es sein militärisches und wirtschaftliches Potential voll entwickelt haben würde.

Als der Krieg dann kam, fand er den deutschen Generalstab nur für einen kurzen, entscheidenden Kampf vorbereitet. An der Westfront erstarrte die Lage in einem Patt, und die Blockade begann sich auszuwirken. Da konzentrierten sich die Hoffnungen auf den Osten, wo Hindenburg und Ludendorff mit vermehrter Kraft einen Bewegungskrieg führten, nachdem sie 1916 die Generalvollmacht erlangt hatten. Die reichen Erträge der Ukraine übten eine Faszination auf das hungernde deutsche Volk aus. Das waren verbotene Weidegründe gewesen, solange ein Bündnis unter Gleichberechtigten mit Österreich eine Entwicklung in diese Richtung verhindert hatte. Aber das Habsburg-Imperium lag auf dem Totenbett und war auch dem Hungertod nahe. Da wurden nun alle Beschränkungen aufgegeben. Die Ukraine mußte Deutschlands Kornkammer werden. Die Provinz hatte schon im Juli 1917 ihre Unabhängigkeit erklärt und hatte eine eigene Delegation neben den Bolschewiken am Konferenztisch von Brest-Litowsk sitzen. Als dann die Verhandlungen mit den Bolschewiken abgebrochen wurden, unterzeichneten die Deutschen einen separaten Friedensvertrag mit der ukrainischen Rada Anfang Februar 1918. Aber warum da aufhören? General Hoffmann faßte seine Offensive gegen die Rote Armee in dem Slogan zusammen: „Zum Schutz von Finnland, Estland, Livland und der Ukraine.“[14] Als der Friedensvertrag endlich im März 1918 in Brest-Litowsk unterzeichnet war, waren die deutschen Truppen bis zur Krim und nach Baku vorgedrungen. In den folgenden Monaten erkannte Deutschland die Unabhängigkeit Georgiens an, und der Kaiser entwarf in einer Botschaft an den Hetman (Führer) der Don-Kosaken Pläne für eine „endgültige Teilung“ Rußlands in vier unabhängige Staaten — „die Ukraine, die Süd-Ost-Union, Zentral-Rußland und Sibirien.“[15] Marionetten-Großherzogtümer sollten außerdem in Kurland, Estland, Litauen und Livland errichtet werden. Diese Gegenden und die Ukraine sollten — unter deutscher ökonomischer Vorherrschaft — autark werden, also weitgehend unabhängig vom Rest der Welt. In diesem Kessel wurde die Suppe für die spätere nationalsozialistische Ostpolitik gekocht.

Der Triumph von Brest-Litowsk, mit dem Deutschland das Recht für sich beanspruchte, das Schicksal von beinahe 55 Millionen Einwohnern aus ehemaligen zaristischen Provinzen zu bestimmen, war nur von kurzer Dauer. Lenin widerrief den Vertrag, zwei Tage nachdem Deutschland den Waffenstillstand von Compiègne unterzeichnet hatte. Auch die Entente annullierte den Vertrag, aber sie war die letzte, die zusehen wollte, wie sich der Bolschewismus entlang der Ostseeküste ausbreitete, und zunächst durften deutsche Truppen in den zukünftigen Ostsee-Republiken bleiben, die ihre Unabhängigkeit anstrebten. Einige Norddeutsche waren bereit, das Rheinland den Franzosen zu überlassen und dem Versailler Vertrag zu trotzen. Sie gründeten ihren Widerstand gegen den Vertrag auf einen Oststaat, der West- und Ostpreußen und Schlesien umfassen sollte.[16] Der Entschluß Frankreichs, ein lebensfähiges Polen zu schaffen, war für dieses verzweifelte Projekt tödlich. Eine 90.000 Mann starke polnische Armee, von Frankreich ausgerüstet, wurde nach Osten gebracht, und im Sommer 1919 endete der Widerstand gegen die von Versailles diktierten Pläne — zumindest in seiner offenen Form.

Während deutsche Diplomaten in erbitterten Debatten mit der Entente Deutschland als das Bollwerk gegen den Bolschewismus darstellten, meinten deutsche Generale, daß es nicht auf Frankreichs Geheiß hin zum Blutvergießen zwischen Deutschen und Russen kommen sollte. General von Seeckt, der sich an der Ostfront hervorgetan hatte, war dagegen, die Rote Armee zu bekämpfen. General Groener, der Ludendorffs Nachfolger als Hindenburgs General-Quartiermeister war, war derselben Meinung und fügte hinzu: „Wir müssen alles tun, um uns Rußlands Freundschaft für die Zukunft zu sichern.“[17] Die junge deutsche Republik weigerte sich im Oktober 1919, der Wirtschaftsblockade der Entente gegen die UdSSR beizutreten. Tatsächlich überlegten Walther Rathenau und andere, wie eine wirtschaftliche Zusammenarbeit zwischen den beiden Ländern am besten zu fördern sei. Am Ende des Krieges waren beide die Verlierer; beide waren aus dem Völkerbund ausgeschlossen, den Lenin als den „Bund der Sieger“ bezeichnete.

Die Angelegenheit wurde durch den Einmarsch Polens in der Ukraine entschieden. Seeckt bereitete den ersten einer Reihe von Plänen vor, in Polen einzumarschieren. Und er war, wie viele Militärs in Deutschland, enttäuscht, als die Polen mit französischer Hilfe die vorrückende Rote Armee vor Warschau schlugen. Das übereilte Vorrücken der Russen hatte viele Schwächen aufgedeckt. Schon bevor Deutschland und Rußland ihre diplomatischen Beziehungen im Mai 1921 aufnahmen, hatte Lenin eine Zusammenarbeit zwischen der Roten Armee und der Reichswehr vorgeschlagen. Seeckt begrüßte diesen Vorschlag. Seine markige Rede war: „Polen muß verschwinden!“ Allerdings gründete sich die russisch-deutsche Annäherung auf die Existenz Polens. Der Vertrag von Riga, der 1921 unterzeichnet wurde, hatte Polen etwa 6 Millionen Ukrainer zugeteilt, von denen einige gewöhnlich als Galizier oder Ruthenen bezeichnet wurden, weil sie nämlich nicht der orthodoxen, sondern der unierten Kirche angehörten. Wenn Deutschland einmal Polen zerstört haben würde, könnten diese Gruppen als Druckmittel benutzt werden, um die 30 Millionen Ukrainer unter russischer Herrschaft loszukaufen.

Während der Weimarer Zeit lag die Bedrohung in tiefem Schlaf, und zwischen der russischen und der deutschen Armee gab es eine halb geheime Zusammenarbeit. Diese

Geschichte ist oft und gut abgehandelt worden und muß hier nicht wiederholt werden. Die Verbindung zwischen den preußischen Junkern und den Bolschewiken war eine Vernunftehe. Die Reichswehr sah keinen Widerspruch darin, zu Hause den Kommunismus zu unterdrücken, während sie in der UdSSR die Möglichkeiten ausschöpfte, die Beschränkungen ihrer Wiederbewaffnung und militärischen Ausbildung zu umgehen, die ihr durch Versailles auferlegt waren. Kontakte mit der Roten Armee, die eng und zuzeiten sogar herzlich waren, konnten die älteren Offiziere nicht für das sowjetische System einnehmen, obwohl wir durch Rauschning wissen, daß General von Blomberg, welcher unter Groener im Weimarer Verteidigungsministerium diente, bei einem Besuch der UdSSR von der nationalen Disziplin, die in einem Einparteienstaat möglich ist, so beeindruckt war, daß er Sympathien für Hitler entwickelte.[18]

Seeckt gab dem desorientierten Offiziers-Korps den notwendigen Sinn für die Verbindung der stabilen Politik des Zweiten Reiches mit dem demokratischen Tohuwabohu der verabscheuungswürdigen Republik. Als er sagte, die Reichswehr sollte unpolitisch sein, meinte er nur, daß sie ihre Politik von ihm übernehmen solle. Das Programm war einfach: Deutschland muß wieder stark werden; die Versailler Abmachungen müssen annulliert werden; und die Mittel, die zu diesem ersehnten Ziel führen, liegen in einer engen Zusammenarbeit mit Rußland. Mit dieser Doktrin erzog er eine Generation von Generalstabsoffizieren, die Hitler 1933 übernahm.

Das war das Glaubensbekenntnis des Generals Heye, der Seeckt 1926 nachfolgte, das war das Glaubensbekenntnis des Generals von Hammerstein, der 1930 Heyes Nachfolger wurde und 1931 an einem sowjetischen Luftlandemanöver teilnahm. Auch sein Freund, General von Schleicher, der kurz vor Hitler Kanzler war, teilte diese Ansichten.

Hitler war selbstverständlich auch der Meinung, daß Deutschland wieder stark werden und die Versailler Fesseln abschütteln müsse, aber eine Zusammenarbeit mit Rußland lehnte er ab. Im Dezember 1932 erklärte er seine Haltung in einem Brief an den Oberst von Reichenau, der später einer seiner Feldmarschälle wurde und im ersten Winter des Rußlandfeldzugs einem Herzanfall erlag. Hitler schrieb, daß er seit vielen Jahren gegen engere Beziehungen zu Rußland sei und daß er Hammerstein dahingehend informiert habe. „Das politische Zusammengehen Deutschlands mit Rußland berührt die übrige Welt unsympathisch..." Mit dieser Formulierung deutete er seine Hoffnung auf ein Bündnis mit England an. Jedenfalls fügte er hinzu: „Rußland ist kein Staat, sondern eine Weltanschauung, die zur Zeit auf dieses Territorium beschränkt ist..."[19] Aber Hitlers ideologische Ansichten und die nationalsozialistische Außenpolitik erfordern ein eigenes Kapitel.

2. Ideologie und Außenpolitik

Hitlers Paladine wußten in Nürnberg nach dem Krieg genau, wo die Verantwortung für die Katastrophe gelegen hatte. „Vor allem die Außenpolitik", sagte Göring, „war des Führers höchst eigenes Gebiet."[1] Rosenberg war emotionaler: „Niemals war Groß-Deutschland der Verwirklichung seines Traumes näher als 1938. Jedoch, niemals auch stürzte das Reich in einen tieferen Abgrund als 1945. All das wird in *einem* Namen zusammengefaßt..."[2] Auch wenn die Hauptkriegsverbrecher 1945 immer noch hofften, ihrem Teil der Verantwortung zu entgehen, müssen wir ihnen in diesem Punkt recht geben. Das heißt natürlich nicht, daß wir behaupten, Hitler habe zu allen Zeiten völlige Handlungsfreiheit gehabt. Als er an die Macht kam, wurde er auf den beiden Gebieten, in denen er sich am meisten engagieren wollte, ernsthaft behindert — in der Außen- und in der Militärpolitik. Nach Hindenburgs Tod und nach Hitlers ersten Erfolgen vergrößerte sich seine Autokratie schnell, bis hin zum Spätsommer 1938, als die Gruppe um Beck und Goerdeler, die ihn legal beeinflussen wollte, die Chancen dafür so gering einschätzte, daß sie in den Untergrund ging. Von dieser Zeit an mußte aktiver Widerstand heimlich geschehen.

1940/41 hatte Hitler den Gipfel seiner Macht und seines Erfolges erreicht — sowohl innerhalb als auch außerhalb Deutschlands. Das bedeutete nicht, daß er Entscheidungen traf und dabei die Ansichten derer, die sie ausführen mußten, gänzlich außer acht ließ; er hatte ein feines Gespür und wußte sehr gut, wo passiver Widerstand lauerte und überwunden werden mußte.

Der Führerkult hatte ihn — zu seiner Befriedigung, doch gleichzeitig zu seinem Ärger — an die Vorstellung gewöhnt, daß geringere Sterbliche manchmal nicht mit der rechten Begeisterung und fraglosen Loyalität der Größe seiner Visionen entsprachen und der Aussicht auf den beharrlichen Kampf, den sie enthüllten. Das galt besonders für starrsinnige Stabsoffiziere, die in einer altmodischen, aristokratischen Tradition erzogen worden waren. Ihre Zweifel konnten ihn nicht von seinen Zielen ablenken, aber sie veranlaßten ihn mit der Zeit, seine Pläne etappenweise aufzudecken und dabei Argumente zu benutzen, die darauf abzielten, den Zuhörern zu gefallen, ganz gleich, ob sie seine wahren Motive wiedergaben oder nicht.

Hitler hat sich tatsächlich nie im geringsten um die Wahrheit gekümmert. Und nach dem Winter 1941, als seine Pläne ernstlich fehlgeschlagen waren, verstärkte er seine Bemühungen, seine Unfehlbarkeit zu erhalten, indem er seine Umgebung über seine früheren Pläne und die Art, wie sie angeblich durch die Dummheit und Untreue der anderen vereitelt worden waren, täuschte. Seine Worte waren umso überzeugender, als er ein ausgezeichneter Schauspieler war. Und da er außerdem auch noch ein ganz meisterhafter Betrüger war, konnte er erfolgreich eine Reihe falscher Spuren zurücklassen, von denen manche die Geschichtsschreiber immer noch verwirren. Deshalb müssen wir zu Beginn dieses Kapitels Rechenschaft ablegen über die Quellen, die wir benutzen, um Hitlers Weltanschauung darzustellen, die Entwicklung seines „Herren-Plans“ (den Professor Andreas Hillgruber „Stufenplan“ genannt hat),[3] und die Motive, die der verhängnisvollen Entscheidung, Rußland zu überfallen, zugrunde lagen.

Das eben Gesagte bringt uns in die mißliche Lage, weder Hitlers eigenen Schriften oder Reden trauen zu können noch dem, was andere über ihn geschrieben oder gesagt haben. In diesem Morast von Mißtrauen ist es jedoch legitim, einige Leitersprossen als tragfähiger anzusehen als andere. Während wir alle öffentlichen Äußerungen Hitlers mit Argwohn betrachten, zumal alles, was er nach seiner Machtübernahme sagte, müssen wir bei „Mein Kampf" weniger skeptisch sein, da er zu einer Zeit geschrieben wurde, als seine Chance, jemals ein verantwortlicher Staatsmann zu werden, nur eine vage Möglichkeit war. Das gleiche gilt für sein zweites Buch, das er niemals veröffentlichte.[4] Dann gibt es noch die Bemerkungen, die er im kleinen Kreis von Leuten gemacht hat, die — wie er manchmal irrig glaubte — seiner hypnotischen Kraft ausgeliefert oder durch seine Bestechungen und Vergünstigungen korrumpiert waren. Bei solchen Leuten entspannte er sich gerne, ließ seine Maske bis zu einem gewissen Grad fallen und sprach freier als gewöhnlich über seine vergangenen Triumphe und zukünftigen Pläne.

Die Aussagen der Leute, die total korrumpiert waren, sind von zweifelhaftem Wert, aber es gibt zwei Zeugen, denen wir Glauben schenken können. Der eine ist Hermann Rauschning, welchen Hitler — für ihn außergewöhnlich — falsch eingeschätzt hat. Sein Protokoll über Unterhaltungen mit Hitler deckt die kurze, aber wichtige Zeit von 1932 bis 1935.[5] Der andere ist Albert Speer, der tatsächlich korrumpiert war, der aber in den langen Jahren in Spandau die beachtliche Leistung vollbrachte, sich von Vorurteil und Selbstrechtfertigung zu reinigen. Sein Zeugnis ist vor allem brauchbar für die Zeit zwischen 1942 und 1945.[6] Dann gibt es noch den Wortlaut von Hitlers Tischgesprächen,[7] die zu unseren bevorzugten Quellen gehören, und außerdem die Lagebesprechungen mit seinen Generalen, vor allem mit Keitel und Jodl, die unbeirrbar für ihn eingenommen waren.[8]

Natürlich kann man sich nicht in jedem Fall auf diese Quellen verlassen. Ein Beispiel: Weder in „Mein Kampf" noch in seinen späteren Gesprächen gab Hitler ehrlich Rechenschaft über sein Leben in Wien. Wie andere selbsternannte Propheten und Messiasgestalten war er ausgesprochen abgeneigt, anderen über den Ursprung seiner Ideen und Äußerungen Rechenschaft abzulegen. Die Zugeständnisse in „Mein Kampf“ an Karl Lueger und Dietrich Eckart sind — zumindest teilweise — der Tatsache zuzuschreiben, daß beide tot waren. Außerdem waren Hitlers Bemerkungen über diejenigen, die ihm ergeben waren, normalerweise bösartig und nachtragend — zumal dann, wenn sie ihn schon einmal im Stich gelassen hatten. Diese Neigung wurde von seiner Umgebung gefördert, teilweise weil sie die Langeweile der ständigen Wiederholungen milderte, teilweise als Möglichkeit, potentielle Rivalen anzuschwärzen.

Wenn von all diesem Beiwerk abgesehen wird, erscheint eine folgerichtige Denklinie oder — wie es vielleicht besser formuliert würde — eine klare Linie der Vorurteile über das menschliche Leben auf der Erde und vor allem über die Geschichte und die Bestimmung der germanischen und sogenannten arischen Völker. Diese Vorurteile, die wie Dogmen erdacht und festgehalten wurden, waren Hitler immer gegenwärtig, wenn auch oft halb verdeckt. Und darum müssen wir davon ausgehen, daß alle seine wichtigen Entscheidungen unter dem Eindruck dieser Vorurteile standen, zumal einige gar nicht anders erklärt werden können. Sie hingen so miteinander zusammen, daß sie Hitlers Hinweis, sie begründeten eine Weltanschauung, durchaus rechtfertigen. Der Einfachheit halber werden wir sie auf diesen Seiten als Ideologie bezeichnen, ohne weiter zu definieren, in welchem Sinn dieses Wort gebraucht wird. Wir können nicht das ganze Knäuel Hitlerscher Ideologie entwirren, aber wir werden die Fäden herausziehen, die in Beziehung zu der Entscheidung stehen, in der seine Karriere gipfelte, zu der Entscheidung, in Rußland einzufallen, die dann tatsächlich seine Karriere beendete.

Hitlers Ansichten über das menschliche Schicksal sind gewöhnlich unter dem Stichwort Sozial-Darwinismus zusammengefaßt worden. Er glaubte, daß Leben ein beständiger Kampf sei, in dessen Verlauf Einzelpersonen, Stämme und rassische Gruppen, die schwach wurden, vor allem wenn sie Willensschwäche zeigten, dazu verdammt waren, durch die Hände der Stärkeren unterzugehen. In seinem zweiten Buch schrieb er: „Wenn aber Politik werdende Geschichte ist und Geschichte selbst die Darstellung des Ringens von Menschen und Völkern um die Selbst- und Forterhaltung, dann ist damit Politik in Wahrheit die Durchführung des Lebenskampfes eines Volkes.“[9] Daraus folge, daß der Krieg nicht nur unvermeidliches Merkmal menschlicher Existenz sei, sondern auch ein notwendiges, da er dazu diene, die nötige Spannung im Leben der Nation zu erhalten. So schrieb er in „Mein Kampf“: „Im ewigen Kampf ist die Menschheit groß geworden — im ewigen Frieden geht sie zugrunde.“[10] Ein Leben in Frieden und ein Nachlassen der Spannung waren nicht der einzige Grund des Untergangs. Gleich wichtig war die Unreinheit der Rasse, die zu der Form der totalen Degeneration führte, die der abtrünnige Engländer Houston Stewart Chamberlain Völkerchaos genannt hatte. Hitler glaubte, es sei seine geschichtliche Mission, das deutsche und jedes andere arische Volk, dessen rassische Reinheit noch nicht rettungslos zerstört war, vor diesem Schicksal zu bewahren. Da Rasse in seinem Wortgebrauch kein wissenschaftlicher Begriff war, war es unmöglich, zu bestimmen, wann mutmaßliche Arier — wie etwa die Engländer — unrettbar verloren waren. Hitlers Kriterien waren, wie die seines treuen Ratgebers H. S. Chamberlain, völlig subjektiv. Die Probe aufs Exempel lieferten immer die Reaktionen anderer Völker auf Hitlers politische Schritte. So war England — in „Mein Kampf“ und dem zweiten Buch noch als geeigneter Verbündeter dargestellt — 1938 ein Opfer des Großkapitals und der Juden geworden. Den schlüssigen Beweis erbrachte Englands Bereitschaft, nach 1941 als Verbündeter der Sowjetunion gegen Deutschland zu kämpfen.

Hitlers rassische Vorurteile entsprachen der eines kleinbürgerlichen Angehörigen der deutschen Minderheit im alten Österreich, die sich durch die anderen ethnischen Gruppen zunehmend bedroht fühlte. Die traditionelle germanische

Vorherrschaft war durch ein „Völkergemisch von Tschechen, Polen, Ungarn, Ruthenen, Serben und Kroaten usw., zwischen allen aber als ewiger Spaltpilz der Menschheit — Juden...“[11] gefährdet. In Hitlers Doktrin gab es ein starkes manichäisches Element: Während die Arier die Kräfte des Lichtes darstellten, waren die Juden der Gegenpol, die Gegenrasse, die Kräfte der Finsternis. Bevor wir den Syllogismus beschreiben, mit dem Hitler die Juden mit den Bolschewiken identifizierte, sollten wir zunächst auf Hitlers Begriff von „Lebensraum“ eingehen, nach dem der Mensch an die Scholle gebunden ist: auf seine Blut-und-Boden-Ideologie.

Da die Bewahrung und Förderung des Wachstums und Wohlstandes der germanischen Völker die erste Pflicht der verantwortlichen Führer war, war es nur logisch, daß die Geburtenrate in keiner Weise beschnitten werden durfte. Deshalb mußten die Grenzen des Staates erweitert, seine Mittel vergrößert werden, um der wachsenden Bevölkerung zu entsprechen. Das NSDAP-Programm, das 1920 herausgegeben wurde — noch bevor die Ideologie vollständig formuliert war —, legte sich nicht fest, in welche Richtung die Expansion stattfinden sollte. Es ließ allerdings tatsächlich erkennen, daß zumindest ein Teil des Bevölkerungsüberschusses in den Kolonien angesiedelt werden könnte: „Wir fordern Land und Kolonien für die Ernährung unseres Volkes und als Lebensraum unserer Überschußbevölkerung.“[12] Diese Unklarheit war verschwunden, als Hitler „Mein Kampf“ schrieb; er lehnte die Idee, Deutschland durch eine Emigration nach Übersee zu schwächen, aus verschiedenen Gründen ab. Einer war, daß eine „Handels- und Kolonialpolitik“ Deutschland wieder in einen Konflikt mit Großbritannien bringen würde. Aber der zweite, wichtigere Punkt hing mit dem zusammen, was die Nazis „Rassehygiene“ nannten, und mit ihrer geschichtlichen Mission in Osteuropa.

„Schon die Möglichkeit der Erhaltung eines gesunden Bauernstandes als Fundament der gesamten Nation“, schrieb er, „kann niemals hoch genug eingeschätzt werden.“[13] Die Profite von Handel und Industrie würden die Verkleinerung des Bauernstandes nicht aufwiegen, schlimmer noch, sie würden sogar schädlich sein; das Land würde vernachlässigt werden, und die, die es früher bestellten, würden in die Städte strömen und Opfer des Völkerchaos werden, das dort herrschte.

Es gab allerdings noch ein anderes, tieferliegendes Motiv für die Ausdehnung nach Osten über die kontinentalen Landmassen hinweg: seine Triebfeder war die mythische Verbindung von Rasse und Scholle, wie sie einst von den Vorfahren gepflegt worden war. So schrieb Hitler in „Mein Kampf“: „Was in der Geschichte nutzbringend germanisiert wurde, war der Boden, den unsere Vorfahren mit dem Schwert erwarben und mit deutschen Bauern besiedelten.“[14] Das war der magnetische Zug, dem die Arier, sobald ihre rassische Reinheit wiederhergestellt wäre, entsprechen würden. So verstanden, war die Außenpolitik des Zweiten Reiches völlig verfehlt. „Wollte man in Europa Grund und Boden, dann konnte dies im großen und ganzen nur auf Kosten Rußlands geschehen, dann mußte sich das neue Reich wieder auf der Straße der einstigen Ordensritter in Marsch setzen, um mit dem deutschen Schwert dem deutschen Pflug die Scholle... zu geben.“[15]

Gegen Ende des Ersten Weltkrieges dämmerte dem deutschen Generalstab diese Erkenntnis. Hitler hatte dem Vertrag von Brest-Litowsk vorbehaltlos zugestimmt. Schon als Soldat hatte er einen Artikel darüber geschrieben, und der Vertrag war Thema vieler seiner ersten Reden, als er der NSDAP beigetreten war. Aber der Marsch gegen Osten war zu spät gekommen, um Deutschland vor der Blockade zu schützen. Das wiederum beruhte auf dem fatalen Irrtum, sich dadurch Englands Feindschaft zuzuziehen. Im zweiten Band von „Mein Kampf“ wurde dieses große Ziel nationalsozialistischer Außenpolitik deutlich verkündet: „Wir stoppen den ewigen Germanenzug nach dem Süden und Westen Europas und weisen den Blick nach dem Land im Osten. Wir schließen endlich ab die Kolonial- und Handelspolitik der Vorkriegszeit und gehen über zur Bodenpolitik der Zukunft. Wenn wir aber heute in Europa von neuem Grund und Boden reden, können wir in erster Linie nur an *Rußland* und die ihm untertanen Randstaaten denken."[16]

Diese Politik mag als unmoralisch kritisiert werden, aber sie entbehrt nicht einer gewissen Logik. Das irrationale Element, das hinzugefügt wurde und auf Dauer so verheerende Folgen hatte, war die Gleichsetzung von führenden Bolschewiken in Rußland und Juden, der Gegenrasse. Das gehörte nicht zum gemeinsamen Gedankengut aller frühen Nazis; tatsächlich hatte die junge Partei sogar Verbindung mit den sogenannten National-Bolschewiken gehabt, die ein radikales Programm der sozialen und wirtschaftlichen Reformen vertraten, während sie den marxistischen Gedanken der Internationale ablehnten. Diese Parteigruppe war prorussisch, und weil sie antiimperialistisch war, war sie antibritisch. In Bayern war sie nie stark gewesen, aber die meisten ihrer Anhänger fand sie im „roten" Ruhrgebiet, wo die Gebrüder Strasser und Goebbels während des Interregnums, als Hitler im Gefängnis saß, unabhängig von München operieren konnten. Noch im Februar 1926 schrieb Goebbels über Hitlers Eröffnungsrede auf der Bamberger Konferenz in sein Tagebuch: „Russische Frage: vollkommen daneben. Italien und England naturgegebene Bundesgenossen. Grauenhaft!"[17] Goebbels war bald für Hitlers Seite gewonnen, aber die Partei konnte von ihren radikalen Flügeln bis 1930 nicht gereinigt werden, bis Otto Strasser ausgeschlossen war. Bis zum Schluß griff die Propaganda der NSDAP die internationale Großfinanz an. Aber das hatte nichts mehr mit Wirtschaftspolitik zu tun, das war reine Rassenpolitik. Der Kapitalismus des Weltjudentums vervollständigte den Syllogismus „Kommunist — Jude: Plutokrat — Jude".

Wenn wir versuchen, die erste Hälfte des Syllogismus zu erklären, so müssen wir zunächst betonen, daß er gleich nach dem Ersten Weltkrieg nicht so irrational wirkte wie heute. Trotzki, Sinowjew und (zumindest in Deutschland) Radek

— sie alle waren Juden — waren weltbekannte Persönlichkeiten in der russischen Revolution. In Ungarn war die „rote" Revolution verbunden mit Namen wie Béla Kun und Szamuely. In Bayern wurde ein unabhängiges sozialistisches Regime (die Räteregierung) gleich nach dem Krieg von einem Juden geführt: Kurt Eisner, der mit seinem Leben bezahlen mußte — wie später Rathenau. In der kurzlebigen Münchner Räterepublik vom Frühjahr 1919 war der Anteil der Juden — einschließlich der Russen — groß. Außerdem wurden Juden und Marxisten von denjenigen in Deutschland in Zusammenhang gebracht, die die Dolchstoßlegende propagierten, um die Armee von der Schmach eines verlorenen Krieges reinzuwaschen. Diese „Novemberverbrecher" — wie die nationalsozialistische Propaganda sie vorzugsweise nannte — galten bei der gesamten Rechten als die Schuldigen für die Niederlage an der Heimatfront.

Die mythische Gleichung jedoch — Juden sind gleich Bolschewiken und umgekehrt — stammte nicht aus Deutschland, sondern aus dem zaristischen Rußland, wo sie den finsteren Zielen der Ochrana — oder Geheimpolizei — und bestimmter Gruppen in der orthodoxen Kirche diente. Sie gehörte zum Repertoire der „Schwarzen Hundertschaften", antisemitischer und patriotischer Gruppen, die Pogrome organisierten und jene terrorisierten, die Anzeichen von politischem Abfall erkennen ließen.[18] Die „Schwarzen Hundertschaften", die sich nach der Oktoberrevolution auflösten, waren der wahre Prototyp der SS. Ihr böses Vermächtnis wurde nach dem Krieg im Gepäck der „Weißrussen", die vor dem Bolschewismus flohen, nach Deutschland gebracht. Der einflußreichste Träger dieses Bazillus, der sich mit Hitler und der NSDAP verbündete, war Alfred Rosenberg, der 1893 in Reval (später Tallin), der damaligen Hauptstadt der russischen Provinz Estland, geboren wurde und vermutlich deutscher Abstammung war. Baltisch-deutsche Großgrundbesitzer und Handelsleute waren die Zielscheibe revolutionärer Feindseligkeiten in den verfrühten Aufständen von 1905 gewesen, in denen sich eine Reihe von Juden hervorgetan hatte. Rosenberg, der sein Architekturstudium 1918 in Moskau abschloß, wurde gleicherweise antisemitisch wie antikommunistisch. Bevor er Ende November 1918 mit den zurückflutenden deutschen Truppen nach Deutschland ging, hielt er im Rathaus von Reval eine Rede, in der er diese beiden Bedrohungen der Zivilisation gleich siamesischen Zwillingen miteinander verbunden darstellte.[19] In München schloß er sich Dietrich Eckart an, der schon aktive antisemitische und antikommunistische Propaganda betrieb. Sie formten den immer noch leicht beeinflußbaren Hitler, der gerade aus der Armee entlassen worden war und das Schiff einer politischen Karriere enterte. Als Eckart im Dezember 1923 starb, hinterließ er ein unvollendetes Büchlein, das vorgab, Gespräche zwischen ihm und Hitler zusammenzufassen. Im folgenden Jahr wurde es von einer Filiale der NSDAP-Verlagsanstalt, dem Eher Verlag, unter dem Titel „Bolschewismus von Moses bis Lenin: Dialog zwischen Hitler und mir" herausgegeben. Als Hitler an die Macht kam, zog er alle Exemplare ein, die aufgestöbert werden konnten, aber er verleugnete niemals das Buch oder seinen Verfasser.[20]

Warum übernahm Hitler so bereitwillig das jüdisch-bolschewistische Syndrom gegen die Neigung einer wichtigen Gruppierung der Partei? Ein Grund war sicher, daß es gut zu seiner Absicht paßte, Lebensraum im Osten zu sichern. Alle, die gegen die Slawen marschieren und deren Länder erobern wollten, konnten gemeinsame Sache mit denen machen, die die Juden ausrotten wollten. Zum anderen entsprach es einem der Grundprinzipien seiner Propaganda, daß nämlich die Botschaft so einfach wie möglich gemacht werden müsse und daß der aufgepeitschte Haß der „breiten Masse" — wie er gerne sagte — möglichst auf ein einziges Ziel gelenkt sein sollte. Diese Analyse soll nicht den Eindruck erwecken, als sei Hitler einfach kalter Berechnung gefolgt, als er dieses Ziel angab. Im Gegenteil, es ist klar, daß er das erste Opfer seiner eigenen Propaganda war, die seine tiefwurzelnden antisemitischen, antislawischen und antimarxistischen Vorurteile wiedergab. Wenn das nicht der Fall gewesen wäre, hätte er als Feldherr stärker versucht, mögliche vernünftige politische und strategische Ziele anzustreben, die erreichbar waren. Er hätte zum Beispiel kostbare Bodenschätze und Arbeitskräfte nicht für die Vernichtung der Juden abgezweigt, bevor der Krieg gewonnen war. Er hätte den Krieg im Osten ganz ähnlich wie im Westen geführt, d. h. er hätte die Möglichkeiten einer politischen Kriegsführung ausgenutzt und keine Völkermord-Politik gegen die Slawen verfolgt, die praktisch ein Ende der Feindseligkeiten ausschloß, es sei denn totaler Sieg oder totale Niederlage.

Vor allem aber hätte er Rußland nicht so überheblich angegriffen mit der übertriebenen Erwartung eines schnellen Erfolges. Denn zu der Gleichstellung Juden — Bolschewiken gehörte die Annahme, daß die von Hitler den Juden zugeschriebenen Defekte auch den Bolschewiken anhafteten. Der Hauptdefekt war die Unfähigkeit, einen Staat zu schaffen und zu erhalten: Der Jude-Bolschewik konnte zerstören, aber nicht aufbauen. Nach Hitlers Ansicht waren die Fortschritte, die das zaristische Rußland zu verzeichnen hatte, stets dem Einfluß importierter arischer Gruppen zu verdanken; die hatte die Revolution vernichtet. „Nicht als ob der slawische Rasseninstinkt allein bewußt den Kampf der Ausrottung gegen die bisherige nichtrussische Oberschicht durchgeführt hätte. Nein, er hat unterdessen seinen neuen Führer erhalten im Judentum.“[21] Nach seiner Definition war diese neue Führung nicht fähig, Ordnung in das Chaos zu bringen. Und deshalb war „das Riesenreich im Osten . . . reif zum Zusammenbruch. Und das Ende der Judenherrschaft in Rußland wird auch das Ende Rußlands als Staat sein. Wir sind vom Schicksal ausersehen, Zeugen einer Katastrophe zu werden, die die gewaltigste Bestätigung für die Richtigkeit der völkischen Rassentheorie sein wird.“[22] Damit soll natürlich nicht unterstellt werden, daß alle Nazis solche Ansichten teilten, vor allem nicht in dieser extremen Form, in der Hitler sie — privat und öffentlich — äußerte. Es gab jedoch eine mächtige Gruppe, die sie aus vollem Herzen unterstützte und die nicht nur Zeuge der kommenden Katastrophe im Osten sein, sondern sie vielmehr herbeiführen wollte. Als junger Mann war Heinrich Himmler Mitglied des Artamanenbundes gewesen, der die entvölkerten östlichen Provinzen mit deutschen Bauern wiederbesiedeln wollte. Deshalb war Himmler — unabhängig von seiner persönlichen Verehrung für Hitler — anfällig für diese Linie ideologischen Denkens. Seine Begeisterung wurde durch Walter Darré bestärkt. Darré war auch einer der Nazi-Führer, die außerhalb des Reichs geboren wurden. Bevor er zur SS kam, war er Beamter im preußischen Landwirtschaftsministerium gewesen und hatte 1931 ein Buch mit dem Titel „Das Bauerntum als Urquell der nordischen Rasse"[23] veröffentlicht. Im gleichen Jahr wurde er von Himmler zum Chef der Hauptgeschäftsstelle für Rasse und Besiedelung der SS ernannt, die die Pläne auszuarbeiten hatte, die später so skrupellos in Polen angewandt wurden. Darré, der 1933 Reichslandwirtschaftsminister wurde, entzweite sich mit Hitler und quittierte 1938 seinen SS-Posten; Himmler beschrieb ihn als zu theoretisch, womit er meinte, daß Darré seine Abneigung gegen Völkermord in seiner praktischen Anwendung nicht völlig überwinden konnte.

Diejenigen, die Himmler nach Ausbruch des Krieges halfen, als er Reichskommissar für das deutsche Volkstum (RKFDV) geworden war, waren weniger zimperlich. Nach dem Überfall auf Rußland war es ihre Aufgabe, in die Gebiete auszuschwärmen, in denen seit langem volksdeutsche Minderheiten lebten. Sie sollten durch Vermischung mit gutem germanischem Blut aus Gegenden wie Südtirol, das für die Emigrationspropaganda besonders empfänglich war, gestärkt werden.[24] In Verfolgung ihrer Politik griff die SS bewußt auf eine primitivere Periode der Geschichte zurück. Nachzulesen in einer damals veröffentlichten Schrift: „Was aber den Goten, den Warägern und allen einzelnen Wanderern aus germanischem Blut nicht gelang, das schaffen wir, ein neuer Germanenzug, das schafft unser Führer, der Führer aller Germanen. Jetzt wird der Ansturm der Steppe zurückgeschlagen, jetzt wird die Ostgrenze Europas endgültig gesichert, jetzt wird erfüllt, wovon germanische Kämpfer in den Wäldern und Weiten des Ostens einst träumten. Ein dreitausendjähriges Geschichtskapitel bekommt heute seinen glorreichen Schluß. Wieder reiten die Goten, seit dem 22. Juni 1941 — jeder von uns ein germanischer Kämpfer."[25]

3. Hitler und die Wehrmacht

Bevor wir die strategische Situation analysieren, mit der Hitler sich im kritischen Sommer 1940 konfrontiert sah, müssen wir uns mit seinem Verhältnis zur Wehrmacht, speziell zum Offizierskorps, befassen. Denn dieses Verhältnis ist in dreierlei Beziehung sehr aufschlußreich: was Hitler glaubte, von der Kriegsmaschinerie verlangen zu können; inwieweit er bereit war, seinen Generalen über seine Absichten Rechenschaft abzulegen; inwieweit die Generalität seine Entscheidungen beeinflussen konnte. Seit Hitler Ende März 1920 als Gefreiter aus der Armee entlassen worden war, hatte sich dieses Verhältnis allmählich verändert. Damals war der Krieg für Hitler das große Erlebnis gewesen, und es gibt keinen Grund, sein Kameradschaftsgefühl und seine Bewunderung für die deutsche Armee anzuzweifeln. In „Mein Kampf" nennt er die Armee „die gewaltigste Schule der deutschen Nation"[1] und preist ihre Organisation und ihre Leitung als „das Gewaltigste, was die Erde bisher je gesehen".[2]

Es gibt keinen Grund, anzunehmen, daß er zu diesem Zeitpunkt Groll gegen das Offizierskorps hegte oder von Minderwertigkeitsgefühlen geplagt war, obwohl ihm das — zugegebenermaßen — durchaus entsprochen hätte. In seinem „Zweiten Buch" kritisiert er Seeckt, weil er die „Entfernung knorriger, bewußt nationalgesinnter Offiziere"[3] nicht verhindert habe, was wahrscheinlich eine Anspielung auf die Auflösung verschiedener Freikorps auf Anordnung der Republik war. Er macht auch unmißverständlich klar, daß er gegen jede Art eines Bündnisses mit der UdSSR ist, ohne dabei allerdings die enge Verbindung zwischen der Reichswehr und der Roten Armee, die Seeckt so nachdrücklich gefördert hatte, zu erwähnen. Bevor er seine Bücher schrieb, hatte Hitler den mißlungenen Putsch in München erlebt, der vor allem deshalb fehlgeschlagen war, weil die bayrische Heeresführung sich nach anfänglichem Zögern weigerte, ihn zu unterstützen. Zwar hatte diese Episode ihm die Offizierskaste nicht gerade sympathisch werden lassen, aber sie hatte ihn doch überzeugt, daß er ihr Wohlwollen gewinnen müsse, da er ohne ihre Zustimmung niemals zur Macht gelangen konnte.

Die Wahl Hindenburgs zum Reichspräsidenten im Jahre 1925, der sowohl faktisch als auch nominell das Oberkommando der Wehrmacht anstrebte und anders als seine Vorgänger mit seinen bürgerlichen und militärischen Fähigkeiten der Armee herzlich willkommen war, unterstrich diese Schlußfolgerung. Hindenburgs Haltung gegenüber Hitler war ganz so, wie man sie bei der unterschiedlichen sozialen Herkunft und militärischen Laufbahn der beiden Männer erwarten konnte. Der Präsident sprach von dem jüngeren Mann gewöhnlich als „dem böhmischen Gefreiten", weil er fälschlicherweise glaubte, Hitler sei in Braunau in Böhmen geboren. Es ärgerte Hindenburg, daß er bei den Präsidentschaftswahlen im Frühjahr 1932 zweimal gegen Hitler antreten mußte. Während des Wahlkampfes stellte die Nazi-Propaganda die Unterschiede zwischen den beiden Männern sehr kraß heraus: Hitler, der einfache, tapfere Frontsoldat, stand für den kleinen Mann gegen Aristokratie und eingewurzelte Privilegien. Daß Hindenburg später in jenem Jahr während des Kanzlerschaftswahlkampfes Hitler so schroff ablehnend behandelte, hat sicher dessen Stolz verletzt. Außerdem war er über Schleichers Versuch, die NSDAP durch Verhandlungen mit Gregor Strasser zu spalten, verärgert. Unmittelbar bevor Hitler Kanzler wurde, war seine größte Sorge, daß seine Kanzlerschaft durch einen Militärputsch, organisiert von Schleicher und seinem Freund Hammerstein, der Chef der Heeresleitung und kein Freund der Nazis war, verhindert werden könnte. Zu diesem Zeitpunkt waren die Weichen für das spätere Verhältnis zwischen dem Führer und der Wehrmacht gestellt, das im wesentlichen von gegenseitigem Mißtrauen bestimmt war.

Anfang Februar 1933 hatte Hitler die erste private Zusammenkunft mit seinen führenden Offizieren aus Marine und Heer im Hause Hammerstein. Hitler sprach relativ offen über seine Ziele. Er enthüllte sogar in knappen Zügen die ersten beiden Stufen seines Meisterplanes: Zunächst Kampf gegen Versailles, dafür wären Verbündete notwendig; danach „Eroberung neuen Lebensraumes im Osten und dessen rücksichtslose Germanisierung".[4] Aber bezeichnenderweise rechtfertigte er diesen Kurs vornehmlich mit wirtschaftlichen Erwägungen, statt ideologische Gründe heranzuziehen, die bei seinen Hörern sicher keine Sympathie gefunden hätten. Daß seine Bemerkungen nicht die Besorgnis der hohen Militärs erregten, lag einzig daran, daß sie den Ostfeldzug in weiter Ferne wähnten. Zwar begrüßten sie es, daß Hitler der Wiederbewaffnung größeres Gewicht geben wollte, sie erwarteten allerdings, daß sie ihm ihren vorsichtigeren Zeitplan aufzwingen könnten. Außerdem hatten sie wohl bemerkt, daß Hindenburg Neurath und Blomberg in Schlüsselpositionen berufen hatte, um auf den Gebieten der Außen- und Militärpolitik Hitlers unbesonnenen Ehrgeiz in die Schranken zu weisen. Wie wirkungslos diese Maßnahme war, ist ersichtlich aus dem Spitznamen, den Blomberg sich bald verdient hatte: „Gummilöwe".

Hitlers Versicherung, daß er nicht beabsichtige, die Wehrmacht mit der viel stärkeren SA zu fusionieren, betraf und fesselte die Zuhörer am unmittelbarsten. Diese Entscheidung, die Hitler ein Jahr später noch ausführlicher bestätigte, war entscheidend für die Entwicklung der Wehrmacht, aber auch für den Werdegang des Dritten Reiches. Sie machte Röhms Hoffnungen zunichte, der von einer Volksarmee träumte, die von nationalsozialistischem Gemeinschaftsgeist durchdrungen war. Sie sollte die Reichswehr ersetzen, die schon durch die Art und Weise, wie sie ihr Offizierskorps rekrutierte, eine Bastion der traditionellen Elite bleiben mußte. Gegen Ende des Jahres 1933 war Röhm einer der schärfsten Kritiker Hitlers geworden: „Adolf ist gemein... Da holt er sich diese ostpreußischen Generale heran... Aus altem preußischem Kommiß machen wir nicht unser Revolutionsheer... Hernach will er sie nationalsozialistisch machen, sagt er!"[5] 1934 hatte Hitler sein Ziel noch nicht erreicht. Röhm bezahlte seinen Widerstand mit dem Leben. Unmittelbar nach der „Nacht der langen Messer" mußten die Generale glauben, daß die Ausschaltung ihres wichtigsten Gegners und die Versicherung, daß sie allein das Schwert schwingen sollten, ihre Position gestärkt habe, obwohl der Mord an Schleicher und die Abberufung Hammersteins einige von ihnen beunruhigte. Wie zerbrechlich dieser Optimismus war, zeigte sich fünf Wochen später, als ihnen durch Hindenburgs Tod die schützende Decke weggerissen wurde und Hitler die Chance ergriff, sie mit einem neuen Eid, der sie zu bedingungsloser Treue verpflichtete, an sich als den Führer zu binden. Im August 1934, als Göring schon die Luftwaffe im Geiste des Nationalsozialismus aufbaute und Himmler daranging, die Waffen-SS zu bilden, begannen Hitlers frühere Zusicherungen an die Generale hohl zu klingen. Die Einführung der Wehrpflicht im März 1935 wurde von den Generalen als Möglichkeit, die Wehrmacht zu vergrößern, begrüßt. Auf lange Sicht jedoch mußte sie ihren Einfluß auf die Kriegsmaschinerie schwächen, je größer Hitlers Beliebtheit im deutschen Volk durch seine Erfolge in der Heimat und im Ausland wurde.

Neben der Wiederaufrüstung war in der ersten Zeit der wichtigste Verhandlungspunkt zwischen Hitler und der Führung der Wehrmacht die Ostpolitik. Wie bereits ausgeführt, beruhte das „besondere Verhältnis" zwischen Reichswehr und Roter Armee, das ein Bestandteil der Weimarer Außenpolitik war, auf der Feindseligkeit beider Seiten gegen

Polen. Diese Vorstellung war in den Köpfen deutscher Militärs tief verwurzelt. Blomberg, der Hitlers Verteidigungsminister geworden war, sprach nach dem Krieg von der Vernichtung Polens als einer „heiligen Pflicht".[6] Auch General von Fritsch, der Ende 1933 Hammersteins Platz einnahm, haßte Polen und unterstützte leidenschaftlich die Verbindung mit der Roten Armee. Fritsch ernannte Ludwig Beck, einen Soldaten der alten Schule, zu seinem Stabschef.

Hitler mochte weder die Russen noch die Polen. Aber solange Deutschland noch schwach war, konnte er es sich schwerlich leisten, beide anzugreifen. Seine Machtergreifung hatte den Kreml in Alarmbereitschaft versetzt, zumal dort Rosenbergs Einfluß überbewertet und seine Kontakte zu ukrainischen Emigranten ängstlich beobachtet wurden. Hitler war zwar nicht bereit, die antikommunistische Propaganda der NSDAP einzudämmen, aber trotzdem erneuerte er den Berliner Nichtangriffspakt mit der UdSSR von 1926. Die Bedrohung durch Polen war unmittelbarer. Man nahm an, daß Marschall Pilsudski, dessen Armee doppelt so groß wie die Reichswehr war, Frankreich einen Präventivkrieg gegen das Dritte Reich vorgeschlagen hatte. Hitler war bereit, den rechten Augenblick abzuwarten. In jedem Falle rangierten Österreich und die Tschechoslowakei vor Polen auf seiner Prioritätenliste der Revision von Versailles. Der Anspruch auf Danzig verstummte, und nachdem er keine Antwort aus Paris erhalten hatte, stimmte Pilsudski einem Nichtangriffspakt mit Deutschland zu, der im Januar 1934 unterzeichnet wurde. In der Zwischenzeit waren die ausgedehnten Anlagen der Reichswehr in der UdSSR liquidiert worden. Und im Herbst 1933 fand das letzte der alljährlichen Festbanketts anläßlich des Gedenktages der Oktoberrevolution statt, und die Rangältesten der Reichswehr, die dort anwesend waren, sprachen ihren letzten Toast auf die Rote Armee aus.[7] Stalin und Litwinow verloren keine Zeit, zu einer Wiederannäherung mit Frankreich zu kommen, und die UdSSR trat dem Völkerbund bei, aus dem Deutschland ausgetreten war.

Diese Entwicklung bereitete der älteren Generation der

Offiziere Unbehagen. Unter dem Eindruck der „Nacht der langen Messer" und des Mordes an Schleicher übermittelte Hammerstein zusammen mit dem alten Feldmarschall von Mackensen Hindenburg eine Protestnote, in der sie unter anderem die Empfehlung aussprachen, Hitler möge von seiner polenfreundlichen Politik ablassen und zu der von Rapallo zurückkehren; dreißig Generale und die Rangältesten des Generalstabes unterzeichneten die Note.[8] Aber Hindenburg konnte den Lauf der Dinge nicht mehr beeinflussen. Der einzige Erfolg war, daß Hitlers Verachtung für den politischen Scharfsinn des Generalstabes, der seiner Taktik nicht gefolgt war, noch größer wurde. Als Deutschland stärker wurde, war die antikommunistische Propaganda der NSDAP bald nicht mehr von der antirussischen Propaganda zu unterscheiden. Ende November 1936 unterzeichnete Ribbentrop zusammen mit dem japanischen Botschafter in Berlin den Anti-Komintern-Pakt, der zu einer Zangenbewegung gegen die UdSSR wurde, obwohl das Land namentlich nicht erwähnt wurde. Im darauffolgenden Jahr wurde der Pakt, zumindest auf dem Papier, in einen internationalen faschistischen Block umgewandelt, dem sich auch Italien anschloß.

Diese Entwicklung entsprach nicht den Vorstellungen der Generale. Als 1936 der spanische Bürgerkrieg ausbrach, waren Blomberg und Fritsch gegen eine Intervention an der Seite Italiens. Sie glaubten nicht, daß Deutschland schon für die Vorherrschaft in Europa bereit sei, geschweige denn für eine Rolle in der Weltpolitik. Hitler und Göring wiesen ihre Bedenken zurück, genauso wie sie die Bedenken Schachts und anderer Wirtschaftsexperten verworfen hatten, die darauf gedrängt hatten, das Tempo der Wiederaufrüstung zu drosseln.

Anfang November 1937 beschloß Hitler, daß es an der Zeit sei, Neurath, Blomberg und den Oberkommandierenden der drei Waffengattungen einen weiteren Abschnitt seines Meisterplanes zu eröffnen, mit der Absicht, sie entweder mitzureißen oder durch ergebenere oder fügsamere

Männer zu ersetzen. Das Protokoll dieser Unterredung trägt den Namen von Hitlers Militäradjutanten Oberst Hoßbach. Vieles, was Hitler bei dieser Gelegenheit zu sagen hatte, war den Zuhörern schon bekannt — der wirtschaftliche Druck und die Bevölkerungsprobleme, denen das Dritte Reich sich ausgesetzt sah, und die Notwendigkeit, diese Probleme durch die Eroberung des erforderlichen Lebensraumes noch zu seinen Lebzeiten zu lösen. Aber ein neuer drängender Ton wurde unangenehm deutlich. Wenn England und Frankreich vorher besetzt bzw. unparteiisch wären, könnte schon im kommenden Jahr ein Blitzangriff auf die Tschechoslowakei gemacht werden.[9] Außerdem kam ein neuer, selbstbewußter Ton in Hitlers Bemerkungen über England und sein Empire. Zwar schwanden seine Hoffnungen auf ein Bündnis, aber das hatte nicht zu einer Modifizierung seiner Pläne geführt, vielmehr seine Entschlossenheit, sie zu verfolgen, verstärkt — wenn nicht mit, dann eben ohne England. Der Vorhang wurde kurz gelüftet und gab die Aussicht auf die Eroberung der Welt frei. Die Wirkung auf die Zuhörer — außer auf Göring, der das alles schon vorher gehört hatte — war nicht inspirierend, sondern alarmierend. Wenn auch nur wenig gesagt wurde, es reichte Hitler. Fast auf den Tag drei Monate danach wurden Neurath, Blomberg und Fritsch entlassen, zusammen mit widerspenstigen Diplomaten, etwa Ulrich von Hassell, dem Botschafter in Rom, und nicht weniger als sechzehn Generalen aus der Seeckt-Tradition. Hoßbach wurde auch ersetzt, weil er Sympathien für Fritsch gezeigt hatte. Neurath wurde feierlich degradiert. Blombergs unschickliche Heirat war zumindest ein Vorwand für seine Entlassung. Aber die Erfindungen des SD (Sicherheitsdienstes), die Fritsch Homosexualität nachweisen sollten, waren ein kalkulierter Affront gegen das ältere Offizierskorps. Obwohl Fritsch später rehabilitiert wurde, bekam er kein Kommando und fand sein Ende, offensichtlich auf seinen eigenen Wunsch, im Polenfeldzug.

Bevor wir untersuchen, warum die Wehrmacht versagte und nicht geschlossen protestierte, müssen wir zunächst untersuchen, welche Auswirkungen Blombergs Pensionierung auf die Kommandostruktur hatte, die danach grundsätzlich unverändert blieb, bis Fritschs Nachfolger von Brauchitsch (später Generalfeldmarschall) im Dezember 1941 entlassen wurde und Hitler selbst das Oberkommando des Heeres übernahm. Eine Vielzahl von Entwicklungen hatte dazu geführt, daß das Problem der Militärhierarchie so schwer in den Griff zu bekommen war. Zunächst: Das Wesen der Kriegsführung hatte sich so geändert, daß das Konzept getrennter Zivil- und Militärkontrollen als zweier selbständiger Teile des nationalen Lebens in Kriegszeiten überholt war. 1916 hatte das Duumvirat Hindenburg—Ludendorff die Oberaufsicht unter der nominellen Oberhoheit des Kaisers übernommen. Dem Duumvirat unterstand der Generalstab, der für die einheitliche strategische Ausrichtung des Krieges verantwortlich war. Mit der Abdankung des Kaisers war das Militär seines Hauptes beraubt. Ein vom Volk gewählter bürgerlicher Präsident hätte ihn im Kriege nur schwerlich ersetzen können, selbst wenn die Reichswehr eine solche Situation toleriert hätte. Die scheinbare Auflösung des Generalstabs, wie sie dem Versailler Vertrag entsprach, hatte das Militär weiter geschwächt.

Als Hitler an die Macht kam, mit einem ehemaligen Feldmarschall als Präsident und einem aktiven Soldaten als Verteidigungsminister, näherte sich die Praxis wieder den traditionellen Strukturen. Aber dann ergaben sich zwei Probleme zur gleichen Zeit, ganz abgesehen von Hindenburgs Tod 1934. Das eine ergab sich aus Görings Entschluß, gegen Versailles eine Luftwaffe zu schaffen und sie völlig unabhängig vom heimlich wiedergebildeten Generalstab zu führen. Es war unvermeidlich, daß die Marine diesem Beispiel folgte. Der zweite Faktor erwuchs aus der Rivalität zwischen dem Stab des Soldatenministers und dem des Oberbefehlshabers des Heeres und seines Stabschefs, der die Generallinie der Wiederaufrüstung und der strategischen Planung bestimmen wollte — und zwar nicht nur in bezug auf das Heer, sondern für alle Waffengattungen. Der Mangel an Devisen, der Engpaß auf dem Rohstoffmarkt, der sich bald bemerkbar machte, der Druck auf das verfügbare Menschenpotential, der sich später noch verstärkte, verschärften die Rivalitäten und das Durcheinander in der Verwaltung. Tatsächlich war ein Grund für das Treffen, das Hoßbach protokollierte, Hitlers vergebliche Hoffnung, durch sein verstärktes Drängen Blomberg, Göring und Raeder dazu bewegen zu können, am gleichen Strick zu ziehen, statt gegeneinander zu arbeiten.[10] Eine Reorganisation der Führungsspitze war deshalb längst überfällig, ganz abgesehen von Hitlers Unzufriedenheit mit seiner unbotmäßigen Führerschaft in der Wehr- und Außenpolitik.

Der in jeder Beziehung prominenteste Kandidat für die Nachfolge Blombergs war Göring. Niemand unterstützte ihn, und Blombergs Vorschlag, Hitler selbst solle seine früheren Funktionen übernehmen, zielte vermutlich darauf ab, Görings Berufung zu verhindern. Reichenau, den Hitler einmal hochgeschätzt hatte, wurde auch in Erwägung gezogen, aber der Führer lehnte ab. Es ist nicht klar, ob Hitlers Ablehnung darauf beruhte, daß Reichenau schon die Zeichen von Unabhängigkeit zeigte, die sein späteres Benehmen charakterisierten, oder ob Hitler fürchtete, mit seiner Berufung zu viel Anstoß bei den älteren Generalen zu erregen — ganz zu schweigen von Göring. (1933 mußte die Kandidatur Reichenaus für die Nachfolge Hammersteins zurückgezogen werden, weil die Generale von Rundstedt und von Leeb sich weigerten, unter ihm zu dienen.)[11] Reichenau war in mancherlei Hinsicht ein starker Konkurrent. Als Blomberg 1933 Minister wurde, übernahm Reichenau unter ihm die militärpolitische Abteilung des Ministeriums, die für Schleichers spezielle Talente geschaffen worden war. Unter dem neuen Namen „Wehrmachtsamt" übernahm es die Landesverteidigungsabteilung, die damals von Alfred Jodl, einem glühenden Verehrer Hitlers, geleitet wurde. Sowohl Reichenau als auch Jodl glaubten fest, daß es eine Einrichtung geben müsse, vergleichbar dem Verband der Stabschefs, die einen künftigen Krieg zentral steuern sollte. Als Hitler sein Problem löste und das Oberkommando der Wehrmacht übernahm — mit Keitel als Stabschef —, fühlte sich Jodl in seinen Ansichten bestärkt und schrieb in sein Tagebuch: „Die Einheit der Wehrmacht ist gerettet."[12] General Ludwig Beck, Stabschef beim Oberkommando des Heeres, war auch der Meinung, daß eine einheitliche Richtung erreicht werden müsse. Er aber hätte es vorgezogen, wenn unter den drei Waffengattungen das Heeresamt eine Vorrangstellung erhalten hätte und damit die traditionelle Autorität des Heeresgeneralstabs gesichert worden wäre. Das Heer hätte dann im Krieg das Oberkommando auf dem Festland gehabt.[13] Er hätte wissen müssen, daß dieser Plan keine Chancen hatte. Er mußte Görings und Raeders Widerstand erregen, aber darüber hinaus hätte er Hitler auf einen Rang verwiesen, der mit dem des Kaisers im Ersten Weltkrieg vergleichbar gewesen wäre. Es gab niemals auch nur die geringste Chance, daß er das akzeptiert hätte. Ein Rang ohne die dazugehörige Macht — das hätte dem Führerprinzip widersprochen. Außerdem hätte er schon vor 1938 keine Schwierigkeiten gehabt, sich selbst zu überzeugen, daß er jedem Junker gewachsen war. Schon früher hatte er zu Rauschning gesagt: „Ich lasse mich nicht durch ‚Feldherren' kommandieren. Den Krieg führe *ich*..."[14]

Es wäre sicher voreilig, den Februar 1938 als das Datum herauszugreifen, an dem Hitler in bezug auf die rangältesten Heeresoffiziere die Augen aufgingen. Aber sein Groll wuchs ständig. Gegen Ende des Jahres 1939, nach dem außerordentlich erfolgreichen Polenfeldzug, zählte er seine Beschwerden in einem offenen Gespräch mit Guderian auf, der in seiner Gunst Reichenaus Platz eingenommen hatte. Er begann damit, daß „Fritsch und Beck Schwierigkeiten gemacht hätten, indem sie seiner Forderung auf sofortige Aufstellung von 36 Divisionen den Vorschlag entgegenstellten, sich mit 21 Divisionen zu begnügen. Vor der Rheinlandbesetzung hätten ihn die Generale gewarnt... Dann habe der Feldmarschall von Blomberg ihn schwer enttäuscht, die Fritsch-Krise habe ihn sehr erbittert. Beck habe ihm in der

Tschechenfrage widersprochen und sei darüber gegangen. Der jetzige Oberbefehlshaber habe ihm im weiteren Verlauf der Aufrüstung völlig unzulängliche Vorschläge gemacht."[15]

Obwohl die wesentlichen Elemente dieser Anklagepunkte sich im Februar 1938 in Hitlers Kopf aufgebaut haben müssen, entsprach die Lösung, die er dann erzwang, einem Kompromiß und ließ einen großen Teil der Macht bei Beck und seinem Nachfolger Franz Halder, also dem Oberkommando des Heeres (OKH). Ihre tatsächliche Verfügungsgewalt über die Heeresmaschinerie war ungeschmälert, auch wenn sie die Hoffnung aufgeben mußten, die Landesverteidigungsabteilung dem neuen OKW (Oberkommando der Wehrmacht) unter Keitel zu entreißen. Tatsächlich hatte Hitler durch die Erwählung einer Null wie Keitel, den er zwar nicht über, aber doch den Kommandeuren der drei Waffengattungen gleichgestellt hatte, die Einigkeit der Streitkräfte nicht gesichert. Die Fäden liefen zwar in seiner Hand zusammen, aber gleich eine Ebene tiefer hatte er lediglich einen vierten Kanal geschaffen, durch den begrenzte Autorität fließen konnte. Das OKW war als Gegenspieler des OKH errichtet worden. Nichts, was einem Verband der Stabschefs auch nur im entferntesten glich, war geschaffen worden.

1938, als das Kabinett schon nicht mehr zusammentrat, errichtete Hitler ein Verteidigungskabinett, dessen nomineller Vorsitzender er selbst war, Göring war sein Vertreter. Dieser Einrichtung gehörten die wichtigsten zivilen und militärischen Führungspersönlichkeiten an. Am Vorabend des Krieges erwuchs daraus ein Lenkungsausschuß mit Göring als Vorsitzendem und Keitel als Vertreter des Militärs. Aber diese Einrichtung, die auf dem Papier durchaus brauchbar gewesen wäre, die zivilen und militärischen Anforderungen zu koordinieren, funktionierte niemals wirklich. Überhaupt konnte sie die strategische Leitung des Krieges nicht übernehmen, da niemand, nicht einmal Hitler, dem Vertreter des Militärs, Keitel, eine verantwortliche Vertretung oder Koordinierung der drei Waffengattungen zugestand. Die Tatsache, daß Hitler 1941 persönlich die

Führung der Armee übernahm, sollte das Fehlen einer Kommandokette deutlich machen. Er allein konnte alle drei Waffengattungen einheitlich führen, auch wenn es nicht um Dinge von allerhöchster Wichtigkeit ging. Auf Grund seiner Natur und der gegebenen Umstände mußte Hitler ein militärpolitischer Feldherr werden. Daß er aber dazu verdammt war, mit einer so schlecht koordinierten Maschinerie zu operieren, beruhte auf seiner eigenen freien Entscheidung. Das sollte verheerende Folgen haben. Warum handelte Hitler so? Die plausibelste Antwort ist die, daß er nach dem Prinzip „Teile und herrsche" vorging. Es ist sicher, daß er seine militärischen Berater davon abgehalten hat, zu Gesprächen untereinander zusammenzukommen. Offiziell durften sie sich nur treffen, um gemeinsam der Stimme ihres Herrn zu lauschen. Wichtiger war jedoch, daß er wohl vermeiden wollte, die älteren Generale durch allzu drastische Maßnahmen zu sehr zu verärgern. Obwohl Hitler durchaus schnelle und rücksichtslose Entscheidungen treffen konnte, zog er es gewöhnlich vor, Hindernisse, solange er eben konnte, zu umgehen, statt sie frontal anzugehen. 1938 konnte er seine Pläne ohne die Mithilfe seiner Generale nicht durchführen. Zugegeben, er hätte sie alle in die Wüste schicken können, statt nur sechzehn zu entlassen (von denen einige nach Ausbruch des Krieges wieder eingestellt werden mußten). Aber dann hätte er seine Ziele viel langsamer ansteuern können und hätte warten müssen, bis sich die jüngere Offiziersgeneration, die stärker vom nationalsozialistischen Geist durchdrungen war, ihre ersten Sporen verdient hatte. Als Hitler im März 1938 beschloß, in Österreich einzumarschieren, war die Militärmaschinerie auf eine so unerwartete Beschleunigung nicht vorbereitet. Guderian stellte es so dar, als sei alles eine Sache der Improvisation gewesen.[16]

Ein Streik der Generale, selbst ohne die Androhung einer offenen Revolte, hätte Hitlers abenteuerlicher Politik ein Ende bereitet — zumindest fürs erste.

Im August 1938 wäre es beinahe unter Becks Einfluß zu einem Streik gekommen. Im Frühjahr hatte Beck Hitler scharf getadelt, weil er darauf bestand, den Eventualplan, der schon zur Verteidigung des Reiches gegen einen gemeinsamen Vorstoß seiner potentiellen Feinde existierte, in einen Offensivplan gegen die Tschechoslowakei umzuwandeln. Außerdem berief er eine Zusammenkunft der rangältesten Heeresoffiziere ein, zu der kein Vertreter des OKW geladen wurde, und unterstrich damit, wie zersetzend Hitlers Reform der Wehrmacht war.[17] Als der Führer seine leitenden Militärs am 30. Mai 1938 von seiner „unwiderruflichen Entscheidung, daß die Tschechoslowakei zerstört werden"[18] müsse, in Kenntnis setzte, wuchs der Widerstand, da viele der älteren Offiziere mit Beck der Ansicht waren, daß die Feindseligkeiten nicht auf die Tschechoslowakei beschränkt werden könnten und Deutschland für einen allgemeinen Krieg nicht vorbereitet sei. In diesem Sinne übermittelte Beck Brauchitsch verschiedene Noten, bis er ihn schließlich überredete, für den 4. August 1938 ein geheimes Treffen der Kommandeure einzuberufen. Alle sahen ein, wie stichhaltig Becks Argumente waren. Aber diese Zusammenkunft ging auseinander, ohne daß man sich für ein klares Konzept bezüglich der künftigen Schritte entschieden hätte.

Nachdem Hitler die Wiederherstellung seiner Autorität in Angriff genommen hatte, kam es zu den sensationellen diplomatischen Schritten, die in der Konferenz von München gipfelten. Da die Generale sich später willensschwach zeigten, ist es unmöglich zu behaupten, daß jemand — abgesehen von Chamberlain — etwas unternommen habe, um Hitler Einhalt zu gebieten. Sicher kann man sagen, daß es nach München keine Chance mehr gab, zu handeln. Zunächst resignierte Beck, der einzige, der die notwendige Entschlossenheit an den Tag gelegt hatte (obwohl sein Rücktritt nicht vor November 1938 bekannt gemacht wurde). Zum zweiten hatte Hitlers Meisterstück, das Sudetenland ohne einen einzigen Schuß zu erobern, den Hauptpfeiler, auf dem die breit angelegte Verschwörung ruhte, weggerissen und gleichzeitig seine eigene Position im ganzen Lande gestärkt.

Warum zögerten die Generale zu einer Zeit, als Deutschland noch nicht im Krieg war und das Gespenst eines neuerlichen Thronverzichts und einer neuen „Dolchstoßlegende" noch nicht wiederauferstanden war, sie zu verfolgen? Will man diese Frage befriedigend beantworten, so muß man einen kurzen Blick auf die Entwicklung des strategischen Denkens in Deutschland zwischen den Kriegen werfen und auf einige der Kontroversen, die damals stattgefunden haben. Dabei werden wir die Konzeption des „Blitzkrieges" und Hitlers Beitrag dazu bedenken müssen. Ein wichtiges Nebenprodukt des „Blitzkrieg-Konzeptes" war die Scheidung der Geister unter den älteren Offizieren, von denen einige sich Hitler angeschlossen hatten, hauptsächlich aus beruflichen Gründen. Natürlich blieben sie, auch wenn sie der Karriere den Vorrang gaben, auf ihre Art der Seecktschen Tradition des unpolitischen Offizierskorps treu. Diese Spaltung des Offizierskorps, die auch mit dem Unterschied zwischen den Generationen zusammenhing, trug dazu bei, daß eine gemeinsame Front gegen Hitler unmöglich wurde. Der Führer nutzte diese Lücke rasch und vergrößerte sie gar noch durch Vergünstigungen und Bestechungen in Form von Land- und sogar Geldgeschenken.

Alle deutschen Berufs- und Amateurstrategen waren sich nach den Erfahrungen des Ersten Weltkriegs in bestimmten grundlegenden Punkten einig. Einer davon war, daß ein Zweifrontenkrieg, wenn möglich, vermieden werden müsse. Ein zweiter beinhaltete, daß Deutschland nicht wieder in einen Stellungskrieg geraten dürfe, den Hitler als „eine Entartung des Krieges"[19] bezeichnet hatte. Durch die Tatsache, daß der Versailler Vertrag die Benutzung von Panzern und Flugzeugen verboten hatte und auf einer kontingentierten Kavallerie in der erlaubten 100.000-Mann-Armee bestand, waren die Deutschen umso entschlossener, heimlich mit einer mobilen motorisierten Kriegsführung zu experimentieren. Damit wurde zum großen Teil die „Verteidigung bis auf den letzten Graben", zu der die Kavallerie in England sich anschickte, vermieden. Trotzdem zwang Deutschlands Lage „in der Mitte des Hauses Europa" (wie Schlieffen formulierte) die Militärs, auch die Notwendigkeit von Stützpunkten in Erwägung zu ziehen, die mit schwerer Artillerie zu verteidigen wären. Denn es konnte schwerlich sichergestellt werden, daß es bei einem Einfrontenkrieg bleiben würde, und wenn sich ein Krieg an zwei Fronten entwickeln sollte, mußte an der einen verteidigt werden, während an der anderen angegriffen wurde. Der Westwall war Hitlers Weise, dieser Gefahr zu begegnen, auch wenn er keine Befestigungslinie im Osten baute. Sein waches militärpolitisches Auge suchte stets nach der Möglichkeit, die Blitzkriegmethode verbunden mit der „Salamitaktik" anzuwenden und aufeinanderfolgende Feinde in einer Folge von schnellen Schlägen zu isolieren und zu vernichten. Diese Strategie eignete sich vorzüglich, Deutschland vor der Schwäche seiner wirtschaftlichen und geographischen Lage zu schützen. Gleichzeitig nutzte er damit die „Maginot-Mentalität" der opponierenden Generale aus, die aus dem Ersten Weltkrieg nichts gelernt hatten. Die meisten Militärexperten akzeptierten die Theorie, obwohl zunächst nur wenige Hitlers Optimismus und seine abschätzige Beurteilung des englisch-französischen Widerstandswillens teilten.

Als es darum ging, von der Theorie zur Praxis überzugehen, kam es zu Meinungsverschiedenheiten. Beck war, wie sein Nachfolger Halder, ein Mann der Artillerie und glaubte, daß Sperrfeuer und der stetige Vormarsch der Infanterie der Schlüssel zum Sieg auf dem Schlachtfeld seien. Er und diejenigen, die wie er dachten, waren nicht gegen die Benutzung von Panzern, aber sie meinten, daß sie zur Unterstützung der Infanterie auffahren sollten. Das widersprach Guderians Ideen, der motorisierte Truppen und Panzerwagen mit konzentrierten Panzer- und Panzerabwehreinheiten verbinden wollte, um so tief in die feindlichen Linien vorstoßen zu können. Nach diesem Konzept, das von Blomberg und Reichenau unterstützt wurde, wie auch von jüngeren Leuten wie Manstein, wurde die Panzerdivision entwickelt.

Hitler hat in „Mein Kampf" von „der allgemeinen

Motorisierung der Welt" gesprochen, „die im nächsten Krieg schon in überwältigender Weise kampfbestimmend in Erscheinung treten wird..."[20] Als er an die Macht kam, demonstrierte Guderian ihm den Einsatz von Panzern und gewann seine Zustimmung.[21] Hitlers Intervention befähigte damit die Fürsprecher der „Blitzkriegmethode", sich aus dem Würgegriff der älteren Generation, deren Repräsentant Beck war, zu befreien. Es ist durchaus nicht zufällig, daß weder Guderian noch Manstein irgend etwas mit der Widerstandsbewegung zu tun hatten, selbst dann nicht, als klar geworden war, daß Hitler den Krieg verlieren würde. Eine kritische Haltung gegenüber Hitler als militärischem Führer wurde, wie aus fast allen Memoiren, die seit dem Ende des Krieges von seinen Feldmarschällen und Generalen geschrieben wurden, zu ersehen ist, erst dann einmütig eingenommen, als es zu spät war, Deutschland, ja Europa zu retten. Das Wissen, daß einige ihrer Kollegen mehr Respekt vor Hitlers Talenten als Feldherr als Angst vor seinem zügellosen Ehrgeiz hatten, schreckte diejenigen ernstlich ab, die wie Beck glaubten, daß er sie alle gleichermaßen in den Abgrund reißen würde.

Welche objektiven Feststellungen können wir über Hitlers Qualitäten, einen Krieg zu führen, machen? Daß er große Fähigkeiten hatte, kann nicht bezweifelt werden. Aber zu jedem Plus- kann der entsprechende Minuspunkt gefunden werden. Als seine Laufbahn den Höhepunkt überschritten hatte und seine aktive und dynamische Seite immer weniger Betätigungsfelder finden konnte, nahmen die Minuspunkte überhand. Zwar stellte sich das Jahr vom Versagen vor Moskau bis zum Fall Stalingrads als das entscheidende heraus, aber die Mängel seiner Qualitäten wurden auch in dem Jahr zwischen dem Fall Frankreichs und der Invasion Rußlands klar erkennbar. Es ist angemessen, sie hier zu formulieren.

Bis zu einem gewissen Punkt war es Hitlers großer Vorteil, daß er die Welt unter ideologischen Gesichtspunkten betrachtete, die — wie ein zeitgenössischer Wissenschaftler schrieb — „ihren Anhängern eine Festigkeit und Sicherheit geben, die allzu oft denen fehlt, die in der Tradition des kurzlebigen Pragmatismus erzogen wurden ...“[22] Anders als die Pragmatiker hatte er auch einen Langzeitplan, der seiner Ideologie entsprach. Trotzdem war er, wie er im Sommer 1939 bewies, bereit, wenn nötig den Weg, auf dem er sein Ziel erreichen wollte, drastisch zu wechseln. Es kam noch hinzu, daß er volles Vertrauen in seine historische Mission hatte und glaubte, wenn sein Wille unbeugsam bliebe und die anderen beherrschen könne, dann sei dieser seiner Mission die Erfüllung gewiß.

Der Fehler seiner Ideologie war: Je überzeugter man ist, desto weniger ist man bereit, die Existenz von Fakten zuzugeben, die nicht in die Ideologie passen — Kippling nannte sie das „zufällige, nicht geplante Ereignis, das tatsächlich passierte“.[23]

Je erfolgreicher der Ideologe zunächst ist, um so weniger ist er gewillt, die Wirklichkeit um sich herum, die ihn nicht bestätigt, wahrzunehmen, bis sie sich plötzlich erhebt und ihn verschlingt.

So sagte der durchaus loyale General Guderian über Hitler an der russischen Front: „Hitler lebte in einer Illusion.“[24] Es war so weit mit ihm gekommen, weil er sich beharrlich geweigert hatte, Informationen zu akzeptieren, die seiner vorgefaßten Meinung nicht entsprachen. So kam es dazu, daß er — wie sein ebenfalls loyaler General Manstein sagte — „... den Boden der Wirklichkeit“[25] verließ. „Die vermutbaren Absichten der feindlichen Führung von vornherein in sein Kalkül einzubeziehen, war Hitler im allgemeinen wenig geneigt, in der Überzeugung, daß sein Wille ja schließlich doch triumphieren werde.“[26] Die Tatsache, daß seine gefährliche und beschwerliche Mission zu seinen Lebzeiten vollendet werden mußte, führte auch dazu, daß er ständig in Eile war. Das Geschick, mit dem er zu Beginn auf den günstigen Augenblick zur Erreichung seiner Ziele wartete, fing an, ihn zu verlassen, als er merkte, daß seine Zeit knapper wurde. So schrieb Halder: „Nach ihm werde niemand mehr sein, der sein Werk vollenden könne. Darum sei die Erfüllung seiner Aufgabe an seine kurze Lebensspanne gebunden."[27]

Die Kehrseite des Hitlerschen Glaubens an seine Bestimmung und die der germanischen Völker, die er führte, war die Geringschätzung seines Gegners, besonders wenn dieser von „rassisch minderwertiger" slawischer Abstammung war. Bis zu einem bestimmten Punkt war sein scharfsinniger Blick für die Schwäche seiner Widersacher ein Vorteil; aber jedesmal, wenn sein Urteil über seine Gegner bestätigt wurde, war er versucht, noch mehr zu riskieren, wenn die nächste Herausforderung kam. Manstein schrieb: „Wie auf politischem ... so fehlte ihm auch auf militärischem Gebiet *das Maß* für das Erreichbare."[28] Dieselbe übersteigerte Selbstsicherheit und der Mangel an Sympathie für Nichtarier machten ihn zu einem schlechten Bundesgenossen, der unfähig war, mit den Italienern und Japanern zusammenzuarbeiten bzw. sie auch nur von seinen Plänen in Kenntnis zu setzen. Das Herren-Sklaven-Verhältnis war das einzige, in dem er sich wohl fühlte. So sehr er über den Sturz Mussolinis erbittert war, so gab er ihm doch die Möglichkeit, den „Duce" nach seiner Rettung zur Abhängigkeit zu degradieren, an Stelle der unangenehmen Ebenbürtigkeit, die vorher bestanden hatte.

Der Mitkämpfer nach Hitlers Sinn für Zweck und Dringlichkeit war ein Dynamismus, der ihn ständig trieb, die Offensive zu ergreifen. Die „Blitzkriegmethoden" waren dafür ideal und erwiesen sich als auffallend erfolgreich, wenn sie gegen Länder angewandt wurden, die kleiner als Deutschland waren und zusammenbrachen, wenn bestimmte zentrale Lebensnerven zerstört waren. Diese relativ einfachen Erfolge, die die deutschen und ausländischen Militärexperten in Erstaunen versetzten, führten dazu, eine ernsthafte Betrachtung der Frage zu verhindern, ob dieselben Methoden gegen das riesige russische Land, dessen Reserven und Bodenschätze kaum zu ermessen waren, ähnlich erfolgreich sein würden. Die Lücke, die die Unwissenheit geschaffen hatte, wurde durch die Pseudoallwissenheit der Ideologie gefüllt — mit verhängnisvollen Folgen.

„Dem Russen“, so versicherte Hitler, fehle „jede technische Begabung“.[29] Als die Invasion begann, entdeckte man bald, daß die T-34-Tanks der Roten Armee allen Panzern, die die Deutschen bis dahin besaßen, weit überlegen waren. Als der erste Ansturm des Blitzkrieges vorüber war, zeigten sich schon die ersten Auswirkungen, da Hitler übertriebenes Gewicht auf den Angriff gelegt hatte. Es gab keine befestigte Linie im Osten, hinter die sich das deutsche Heer zurückziehen konnte, und es gab keine Winterkleidung und keine Kriegsreserve. Einen Monat vor der Invasion berichtete General Fromm: „... dann ist im Oktober nichts mehr da, wenn wir nicht am 1. August den Jahrgang 1922 einberufen (letzte Reserve).“[30] Hitler interessierte das nicht; der Krieg mußte bis dahin beendet sein.

Schließlich müssen wir Hitlers technischen Sachverstand berücksichtigen, der sicher in den frühen Jahren der Wiederaufrüstung ein Pluspunkt war. So hat Manstein festgehalten: „Darüber hinaus verfügte Hitler über ein erstaunliches Wissen und Gedächtnis, wie über schöpferische Phantasie in bezug auf technische Fragen und auf alle Probleme der Rüstung.“[31] Albert Speer ist vorsichtiger in seinem Urteil: „Ich stehe auch heute noch auf dem Standpunkt, daß er mit seinen angelernten Kenntnissen auf diesem Gebiet zwar die militärische Umgebung erstaunen und teilweise erschrecken konnte, wenn sie nicht so gut Bescheid wußte wie Hitler selbst. Aber ich glaube nicht, daß seine Entscheidungen in der großen Linie gesehen mit diesen Detailkenntnissen Schritt hielten. Zwar hat er in der Entwicklung der Panzer zweifellos ‚fortschrittlich‘ gewirkt, die große und lange Kanone schon früh gefordert, aber dafür auf anderen Gebieten wieder versagt, wie beispielsweise bei den Strahljägern (Düsenjägern), die er als Bomber haben wollte.“[32] Tatsächlich war es schon vor dreißig Jahren für einen einzelnen Mann unmöglich, bei der Vielzahl und Vielfalt der Waffentechnik gleich kundig auf allen Gebieten zu sein, zumal ohne Spezialausbildung. In Hitlers Fall wäre das kein Nachteil gewesen, wenn er bereit gewesen wäre, auf Ratschläge einzugehen. Aber auch hier wieder: Seine Besessenheit und sein Glaube an die eigene Unfehlbarkeit waren verheerend. Schon vor seinem spektakulären Erfolg in Frankreich wurden Anzeichen dieser Arroganz deutlich. Hassell berichtet, wie Krupp Anfang April 1940 zwei Stunden mit Hitler verbrachte: „Dieser habe aber kein Wort über die Wirtschaftslage mit ihm gesprochen, sondern nur über Geschützkonstruktionen. Er (Hitler) entwickelt sich in seiner eigenen Vorstellung immer mehr zum Universalgenie.“[33]

Eine Entscheidung Hitlers, bei der es um Leben oder Tod gehen sollte, war im wesentlichen von Ideologie und Unkenntnis bestimmt. Das war die Entscheidung, der Atomwaffenforschung nicht den Vorrang zu geben. Es ist wahr, daß Heisenberg 1942 einen entmutigenden Bericht an Speer übermittelte, den dieser an Hitler weitergab.[34] Speer hat jedoch selbst festgehalten, daß Hitler auch von dem Nobelpreisträger Philipp Lenard beeinflußt war, der Einstein erbittert bekämpfte und Nuklearphysik als „jüdische Physik“ betrachtete.[35] Wenn es auf dem Gebiet der Physik noch irgendeines Beweises seiner Unkenntnis bedarf, dann ist es Hitlers wohlwollende Aufnahme von Hanns Hörbigers Kosmologie des ewigen Eises,[36] für die sich auch Himmler einsetzte.

Wir können jetzt kurze allgemeine Schlüsse über Hitler als Feldherrn ziehen. Er war ein Mann, der rücksichtslose Entscheidungen und schnelle intuitive Urteile fällte, der technisch begabt war und politische und strategische Probleme leicht erfaßte. Diese Eigenschaften stellten ihn hoch über die demokratischen Politiker und die unbedeutenden Diktatoren (Stalin ist hier nicht mit eingeschlossen), mit denen er in der Zeit von 1933 bis 1940 zu tun hatte. Aber er hatte auch die Schwächen seiner Qualitäten. Je absoluter seine Tyrannei wurde, um so gefährlicher wurden diese Schwächen durch seine ideologische Besessenheit verschärft, die sein Wahrnehmungsvermögen schwächte und eine ausgewogene Bewertung der Lage verhinderte. Seine Kräfte für erfolgversprechende Entscheidungen ließen deshalb schon 1940 nach.

Wenn wir moralische Erwägungen außer Betracht lassen, kommen wir zu dem Schluß, daß seine älteren Zivil- und Militärberater in den ersten Jahren gewöhnlich unrecht hatten, als sie noch dazu neigten, sich ihm zu widersetzen. Aber in seinen späteren Jahren, als Widerspruch zwingend notwendig geworden war, hatte Hitler sich entweder selbst der Unzufriedenen entledigt oder sie so sehr eingeschüchtert, daß sie sich ihm fügten. Spätestens Mitte 1940 stand er fast ganz allein da. Der Widerstand war zu einer untauglichen Gruppe von Verschwörern zusammengeschrumpft. Als eine Niederlage noch einmal ihre Reihen füllte und sie schließlich im Juli 1944 zuschlugen, war der Krieg unrettbar verloren.

4. Der Feldherr in Aktion

Die Beschlüsse der Münchener Konferenz und die Tatsache, daß sie in Abwesenheit der sowjetischen Vertreter gefaßt wurden, stärkten Hitlers Vorherrschaft in Europa. Die Kanzleien Europas studierten seine Worte voll Besorgnis und bemühten sich, die Grenzen seiner Geduld richtig einzuschätzen, als er seine Forderungen geltend machte. Seine Reaktion auf den schweren Wein des Erfolges war, nach immer mehr zu greifen, anstatt erst einmal eine Pause einzulegen und seine Gewinne zu verdauen. Er blickte immer noch nach Osten, und die Schwäche, die England und Frankreich gezeigt hatten, ermutigte ihn, weiter in jene Richtung vorzustoßen, auch wenn er sich der Neutralität der westlichen Nachbarn nicht sicher sein konnte. Polen hatte während der Münchener Krise nicht nur den Nichtangriffspakt mit dem Reich eingehalten, es hatte auch Hitlers Druck nachgegeben und war zum Komplizen seines Verbrechens geworden. Das brachte ihm aus der tschechoslowakischen Beute das wichtige Kohlenrevier von Teschen ein. Die Polen brauchten nicht lange zu warten, bis Hitler ihnen eine großartige und spekulative Partnerschaft anbot. Im Oktober 1938 schlug Hitler eine Ausweitung des Pakts von 1934 vor, wenn Polen auf Danzig verzichtete, exterritorialen Transit über den polnischen Korridor bewilligte und dem Anti-Komintern-Pakt beiträte. Dieser Vorschlag war von Andeutungen begleitet, die von Entschädigungen in der Ukraine auf Kosten der Sowjets sprachen. Im Januar 1939 kam der polnische Außenminister Oberst Beck nach Berchtesgaden und sah sich der Mischung von Drohungen und Schmeicheleien ausgesetzt, die für Hitler typisch war. Ende des gleichen Monats fuhr Ribbentrop zu einem Gegenbesuch nach Warschau. Da es ihm nicht gelang, die Polen zu einer Zusammenarbeit zu seinen Bedingungen zu überreden, behauptete er nachher, zu seinem Stab gesagt zu haben: „Jetzt müssen wir zu einer Einigung mit Rußland kommen, wenn wir nicht ganz umzingelt werden wollen.“[1]

Diese Verhandlungen, auch wenn die polnische Seite nur mit halbem Herzen dabei war, waren nicht ohne Wirkung auf Stalin geblieben. Entweder kämen Polen und Deutsche auf seine Kosten zu einer Einigung, oder Hitler würde, im Vertrauen auf die anglo-französische Passivität, Polen und die baltischen Staaten mit einem raschen Schlag zerschmettern, und dann stünde die Wehrmacht vor den Toren Leningrads. Aus Stalins Sicht war es lebenswichtig, diese Pufferstaaten in sein Verteidigungsglacis einzubeziehen, entweder mit Hilfe der Engländer und Franzosen oder mit der stillschweigenden Duldung Hitlers. Wenn unterdessen Hitlers Feindseligkeit gegen den Westen gerichtet werden könnte, hätte Stalin Zeit, sich zu erholen und das Feuer zu schüren, während die kapitalistischen Mächte sich gegenseitig vernichteten. Genau wie Hitlers Generale überschätzte Stalin die militärische Stärke der Engländer und Franzosen und glaubte, daß der Kampf zwischen den Demokratien und den faschistischen Mächten lang und blutig werden würde. Er deutete am 10. März 1939 an, daß er für ein Angebot offen sei: Auf dem VIII. Parteikongreß hielt er eine Rede, in der er die diplomatischen Gerüchte über Hitlers Angriffspläne einer anglo-französischen Intrige zuschrieb. Als Hitler mit Einstellung der antisowjetischen Propaganda reagierte, ging Stalin noch weiter und entledigte sich Litwinows, dessen Name mit der Politik der Kooperation im Völkerbund verknüpft war. Einer der ersten Schritte seines Nachfolgers Molotow war dessen Vorschlag, Wirtschaftsverhandlungen, die seit Ende

Januar 1939 geführt wurden, sollten eine „politische Basis" haben.[2]

Diese rasch aufeinanderfolgenden Entscheidungen waren Teil einer Serie von Ereignissen: Hitlers Besetzung von Prag am 15. März 1939 und die Erklärung Böhmens und Mährens zu deutschen Protektoraten, wodurch die Slowakei ein Vasallenstaat wurde. So hatte er der Welt gezeigt, daß die Revision des Versailler Vertrages nur der erste Schritt seiner expansionistischen Politik war und der nächste Schritt schon folgte. Der Schock, dies so spät erst erkannt zu haben, führte in London zu der hastigen Aufgabe einer Politik, die seit 1919 beharrlich verfolgt worden war; England wollte nach und nach seine Verantwortung für die neuen deutschen Ostgrenzen abgeben. Es gab zwar eine Tendenz, die die Bedeutung dieses politischen Umschwungs bagatellisieren wollte und den fortgesetzten englisch-deutschen Kontakten des Sommers 1939 unzulässiges Gewicht gab.[3] Wie sehr wir aber auch von Enthüllungen über Geheimboten und Horace Wilsons und Neville Hendersons Verharren auf Friedenspfaden gefesselt sein mögen, die grundlegenden Tatsachen bleiben bestehen und können in ihrem Wert nicht gemindert werden: England gab Polen Garantien; England versuchte, Polen den Rücken durch ein Abkommen mit der UdSSR zu stärken, und als dieser Versuch fehlschlug, erklärte England den Krieg. Natürlich wurden Fehler gemacht, aber es war eine ehrliche Politik, die, gleich wie verspätet auch immer sie kam, darauf abzielte, die Unabhängigkeit der kleineren europäischen Staaten zu erhalten. Stalin hatte nur die Wahl, sich mit dem nationalsozialistischen Diktator zu verbünden. Es war ein Glücksspiel, das zweiundzwanzig Monate den Anschein erweckte, als zahle es sich aus. Am Ende dieser Zeit stand er auf dem europäischen Festland allein gegen Hitler, der — zum Teil dank der sowjetischen Wirtschaftshilfe — inzwischen stärker war als 1939.

Als Hitler Halder als neuen Stabschef des Heeres empfing, sagte er zu dem General: „Eins sollten Sie sich von Anfang an merken: Ich gebe meine Gedanken und Vorhaben nie preis, bis ich meine Befehle gebe."[4] Dieser Rat wurde im Sommer 1939 wie auch im darauffolgenden Sommer eindrucksvoll deutlich. Anfang April, eine Woche nachdem Polen schließlich seine Vorschläge abgelehnt hatte, wies er Keitel an, die Invasion zu planen. Am 23. Mai 1939 empfing er die Chefs der Waffengattungen und die rangältesten Stabsoffiziere und teilte ihnen mit, daß „weitere Erfolge nur durch Blutvergießen erreicht werden können."[5] Polen müsse zerschmettert werden. England und Frankreich, so glaubte er, würden nicht kämpfen. Andeutungsweise fügte er hinzu, daß sich die Beziehungen zu Rußland verbessert hätten. In den nächsten drei Monaten, während das OKH einen Operationsplan ausarbeitete, schwebte über ihm die drohende Wolke des Zweifrontenkriegs. Dann, am 22. August, verkündete Hitler vor einer größeren Zuhörerschaft militärischer Führer sein Meisterstück: Rußland würde neutral bleiben.

Ein Aufatmen ging durch die Reihen. Eine englisch-französische Einmischung schien unwahrscheinlich. Außerdem war „die deutsche Wehrmacht der Rüstung Rußlands nicht gewachsen",[6] wie Feldmarschall Kesselring nach dem Krieg dank verspäteter Einsicht im Hinblick auf jenes Ereignis schrieb. Hitler bestand darauf, daß die Gewinnung von Lebensraum so wichtig sei wie eh und je. „Nach der Niederlage Polens wollte er eine Ostgrenze festlegen."[7] Daß Rußland in dieser Entwicklung seinen ganzen Anteil einbringen wollte, erschien dem OKW so seltsam, daß, als Köstring Mitte September von Moskau aus telegraphierte, die Rote Armee marschiere, in Berlin der Schrei aufgellte: „Gegen wen?"[8] Was Hitler verschwiegen hatte, war der Preis, den er für die russische Neutralität gezahlt hatte. Der war in einem Geheimprotokoll zum Vertrag vom 23. August 1939 enthalten und überließ Finnland, die baltischen Staaten, einen Teil Polens und das rumänische Bessarabien der sowjetischen Interessensphäre. Das bedeutete: Außer einer engen Lücke, nämlich der rumänischen Provinz Nord-Bukowina, die Stalin im folgenden Jahr einnahm, war ein sicheres Sperrgebiet zwischen Hitler und der begehrten Ukraine errichtet, das sich von der Ostsee bis zum Schwarzen Meer erstreckte. Der Politstreich, der die Generale erleichterte, kränkte den ideologischen Flügel der NSDAP. Rosenberg fragte in seinem Tagebuch: „Mußte die polnische Frage jetzt gelöst werden und in dieser Form?“[9] Darré berichtete ihm voll Abscheu, wie Ribbentrop sich unter den Bolschewiken in Moskau fast zu Hause gefühlt habe — „wie unter alten Parteigenossen“.[10] Der Pakt war nicht nur eine Absage an all das, wofür die NSDAP eingetreten war, er hatte außerdem einen der Grundpfeiler nationalsozialistischer Außenpolitik ernstlich beschädigt. Rund 500.000 Volksdeutsche in den baltischen Staaten, Bessarabien und den früheren polnischen Provinzen mußten entweder evakuiert oder auf Gnade und Barmherzigkeit den Russen überlassen werden.[11] Die germanische Flut, die nach Osten strömen sollte, wurde zurückgeleitet. Als Hitler Ende September Rosenberg empfing, war er ihm gegenüber ein wenig in der Defensive: „Er hatte das kleinere Übel gewählt und einen ungeheuren strategischen Vorteil erzielt.“[12] Er wandte sich schnell seinem Plan zu, in Polen ein Reservat zu schaffen, in das Deutsche wie auch Polen und Juden getrieben werden sollten.

Rosenbergs Frage bleibt: Warum hielt Hitler es für notwendig, in so dramatischer Weise mit der Vergangenheit des Nationalsozialismus zu brechen und sich außerdem noch — vier Monate später — Mussolinis Kritik zuzuziehen, nur um den Zeitpunkt einzuhalten, den er für die Invasion Polens festgelegt hatte? Eine Teilantwort hat er selber in seiner Rede an seine militärischen Führer am 22. August 1939 gegeben: Er hatte wenig Zeit. Der Plan war mühevoll und mußte zu seinen Lebzeiten erfüllt werden.[13] Außerdem stand er immer noch unter ernstem wirtschaftlichem Druck, trotz der österreichischen und tschechoslowakischen Beute. Dieser Druck hätte natürlich gemildert werden können, wenn weniger nationale Rohstoffe in die Rüstung gesteckt worden wären, aber das hätte seinen Zeitplan auch ins Wanken gebracht. Er war auch nicht bereit, die Produktion für den privaten Konsum zu drosseln, die als Teil der deutschen Gesamtproduktion zwischen 1939 und 1940 um 6 Prozent fiel, während die Rüstungsausgaben in der gleichen Zeit um 15 Prozent stiegen.[14] In diesen Größenordnungen konnte die Produktion von Gewehren und Butter nur dann beibehalten werden, wenn weiter geplündert wurde. Zwangsarbeit würde außerdem dazu beitragen, Deutschlands akuten Mangel an Arbeitskräften zu beheben.

Schließlich muß daran erinnert werden, daß Hitler sich zwar im zweiten Band von „Mein Kampf" entschieden für England als möglichen Verbündeten und Rußland als Feindstaat ausgesprochen hatte, daß er aber im ersten Band die beiden Bündnisse als durchaus mögliche Alternativen behandelt hatte.[15] Auf lange Sicht würde England so sehr sein Feind sein wie Rußland, es sei denn, England wäre zu einer Zusammenarbeit zu seinen Bedingungen bereit; jedes Bündnis war nur ein vorübergehendes Hilfsmittel. Zunächst wollte er die Hegemonie in Europa dadurch sichern, daß er Rußland besiegte. Aber englische Widerspenstigkeit hatte ihn gezwungen, die Reihenfolge umzukehren. Daß er tatsächlich so argumentierte, zeigt die Entscheidung von Ende Januar 1940, die der Kriegsproduktion für die Marine Vorrang gab.[16] Diese Priorität wurde trotz der Proteste von Heer und Luftwaffe bis August 1940 aufrechterhalten, bis Hitler sich nämlich, wie wir sehen werden, wieder einmal besann und sich Plänen für die Invasion der UdSSR zuwandte.

Auf Kosten der Engländer und Franzosen begünstigte Hitler Stalin, weil das für ihn kurzfristig wichtiger war. Die Engländer und Franzosen hofften, durch einen Streitwagen, der von zwei Rossen im Osten gezogen wurde — Rußland und Polen —, Hitler Einhalt zu gebieten und Polen zu retten. Wenn sich die beiden Pferde nicht zusammenspannen ließen, dann konnte das widerspenstige Pferd nur Polen sein. Schon am 21. März 1939 waren sich der englische Außenminister Halifax und sein französischer Kollege Bonnet einig: „Es wäre absolut erforderlich, Polen zu gewinnen. Russische Hilfe wäre nur wirksam, wenn Polen mitarbeitete."[17] Als die anglo-französischen Garantien gegeben wurden, hatte man noch nicht vollends begriffen, daß ein Pferd allein den Streitwagen überhaupt nicht ziehen konnte.

Hitlers Position war wesentlich anders. Er hatte keinerlei Zweifel an der Fähigkeit der Wehrmacht, mit der polnischen Armee fertigzuwerden, obwohl er bis zu einem gewissen Grad genauso überrascht gewesen sein mag wie Stalin angesichts der Tatsache, daß der Krieg nur 19 Tage dauerte. Seine Sorge war, daß der ständige Zufluß von Kriegsmaterial für Deutschland nicht unterbrochen werde, denn den brauchte er, um seinen Plan zu erfüllen. Doch dieser war durch den russisch-deutschen Wirtschaftsvertrag, der am 19. August 1939 unterzeichnet wurde, gesichert. So sagte der Oberbefehlshaber der Marine im Oktober: „Rußlands Wirtschaftshilfe ist für uns von entscheidender Wichtigkeit. Sein Angebot ist so großzügig, daß die Wirtschaftsblockade schon fast zum Scheitern verurteilt ist.“[18] Das Gespenst von 1918 war gebannt. Hitler selbst bemerkte dazu: „Wir brauchen die Blockade nicht länger zu fürchten.“[19]

An dieser Stelle muß noch hinzugefügt werden, daß Stalin Hitler nicht nur das russische Schienennetz zur Verfügung stellte, damit dieser sich Nachschub verschaffen konnte, wie etwa Kautschuk aus Südostasien, vielmehr umgingen die Russen auch die britische Blockade, indem sie in Drittländern Metalle für Deutschland aufkauften und sich weigerten, irgendwelche Garantien gegen einen Wiederverkauf (Re-Export) zu geben.

Ein Erfolg dieser sowjetischen Aktivitäten war sicher, daß die Stimmung in England angeheizt wurde. In Großbritannien war man ohnedies zutiefst aufgebracht über die Art und Weise, in der Molotow im Sommer 1939 mit der Gegenpartei verhandelt hatte. Schreie der Empörung beherrschten alle britischen Zeitungen, abgesehen vom kommunistischen *Daily Worker*, als die Rote Armee Ende Oktober 1939 in Finnland einmarschierte. Das Außenministerium unterstützte die Rekrutierung von Freiwilligen, die in Finnland kämpfen sollten, obwohl schließlich nur wenige zeitig genug dort ankamen. Gegen Ende des Jahres wurde der britische

Botschafter aus Moskau zurückgerufen, und die Stelle blieb fünf Monate lang unbesetzt. Stalin beließ Botschafter Maisky in London, aber gleichzeitig eröffnete er das Propagandafeuer der Komintern gegen die anglo-französischen Imperialisten. Als die sich weigerten, Hitlers unechtes Friedensangebot vom 6. Oktober 1939 anzunehmen, wurden sie von Moskau beschuldigt, sie versuchten, den Konflikt in einen Weltkrieg zu verwandeln. Es bedurfte Hitlers Invasion in Rußland, um ein Mindestmaß an Harmonie in den englisch-russischen Beziehungen wiederherzustellen. Das muß besonders betont werden, weil Hitler 1940 gegenüber Raeder und den Generalen, die gegen den Vorstoß nach Osten waren, das Scheinargument benutzte, Rußland müsse wegen seiner Annäherung an England ausgemerzt werden, durch die Churchill immer zuversichtlicher werde. Hitler selbst arbeitete auf diese Annäherung hin, die tatsächlich erst im Sommer 1941 stattfand.

Aufs Ganze gesehen hatte Hitler Brauchitsch und Halder gestattet, die Operationen in Polen zu führen. Er hatte ihnen jedoch schon einen Vorgeschmack auf das, was sie erwartete, gegeben, als er Pläne für die Heeresgruppe Nord änderte, um die polnischen Truppen um Warschau schneller einzuschließen.[20] Wenn die Generale glaubten, ihr Erfolg in Polen habe ihnen bei Hitler gute Zensuren verschafft, so wurden sie bald enttäuscht. Bestimmte Generale hatten versucht, gegen Greueltaten der SS hinter den Linien disziplinarisch vorzugehen. Damit hatten sie ihren Mangel an politischer und ideologischer Einsicht bewiesen, dem Hitler später durch Lehrgänge für Generale abhelfen wollte.[21]

Als Hitler zur Siegesparade nach Warschau kam, übersah er geflissentlich die Gastfreundlichkeit der Heereskommandeure und begab sich in die Feldküche der Truppe.[22] Zweifellos identifizierte sich Hitler mit den Frontsoldaten. Allerdings ging er nicht so weit, ihr Leben zu schonen, wenn seine Pläne auf dem Spiel standen. In einem heftigen Gespräch mit Brauchitsch schien Hitler vor allem dadurch in Wut geraten zu sein, daß die Oberkommandierenden des

Heeres angedeutet hatten, die Truppen seien stark genug für den Kampf. Nach der Führerkonferenz vom 23. November bot Brauchitsch seinen Rücktritt an.[23]

Der Hauptgrund für die Entfremdung aber war die Reaktion der führenden Militärs auf Hitlers Entschluß, in den verbliebenen Monaten des Jahres 1939 im Westen anzugreifen, wie er ihnen Ende September mitteilte.[24] Manstein meint: „Tatsache ist, daß diese Entmachtung des OKH bzw. Ausschaltung des Generalstabs praktisch ... bereits in die Wochen fällt, die dem Polenfeldzug unmittelbar folgten."[25] Ein Wissenschaftler unserer Zeit folgt Manstein und schreibt es der Unfähigkeit und dem Mangel an Vorausschau zu, daß das OKH versäumte, einen Angriffsplan bereitzuhalten, und daß es ihm widerstrebte, einen vorzubereiten.[26] Im OKH hatte man keine Eile, einen solchen Angriffsplan auszuarbeiten, weil man auf Frieden hoffte. Und wenn kein Friede geschlossen werden sollte, dann glaubte man nicht, daß Deutschland versuchen sollte, die Maginot-Linie zu durchbrechen und sich vor 1942 auf eine Generaloffensive einzulassen. General von Leeb wollte Hitlers aggressive Pläne aus sachlichen und aus moralischen Gründen bremsen. Die Generale Rundstedt und von Bock stimmten vor allem den sachlichen Gründen zu.[27] Jetzt, da sich das Reich im Krieg befand, war das einzige Mittel, das sie anwenden konnten, um Hitler zu bremsen, der passive Widerstand, wenn sie nicht mit dem Verhaltenskodex eines Lebens brechen und ihrer Treuepflicht dem Staat gegenüber entsagen wollten. Sogar Reichenau und der ehrgeizige General von Kluge zogen sich Hitlers Zorn zu, als sie einen Aufschub bis Frühjahr 1940 empfahlen.[28] Wer all diese Widerstände als eine Mischung von Unbedachtsamkeit und mangelnder Qualifikation abtun will, übersieht nicht nur das moralische Dilemma, sondern setzt auch noch voraus, daß eine Offensive im Spätherbst den gleichen schnellen Erfolg gebracht hätte wie die, die im trockenen Frühjahr 1940 stattfand. Es wäre auch recht unhistorisch gedacht, wollte man behaupten, daß 1939 jeder Sachkenner wissen mußte, daß das französische Heer so schwach war, wie es sich 1940 dann zeigte. Selbst ein so scharfsinniger Beobachter wie Stalin hatte auf Frankreich gesetzt. So sagte er zu Ribbentrop: „Frankreich hatte noch immer eine Armee, die es wert war, beachtet zu werden."[29] Wie auch immer, so bleibt die Tatsache, daß Hitler über seinen Generalstab erbost war und noch weniger als vorher geneigt, ihn in seine Pläne einzuweihen. Er war gewiß nicht bereit, Ratschläge vom OKH anzunehmen, nachdem der beachtliche Erfolg der Schlacht von Frankreich wieder einmal sein Urteil bestätigt und den Pessimismus der Generale entkräftet hatte. Dieser latente Widerstreit zwischen dem Führer und seinen leitenden Stabsoffizieren, von denen die meisten aus unterschiedlichen Gründen seine Pläne mißbilligten und wiederholt feststellen mußten, daß sie im Unrecht waren, führte gerade da zu einer Lähmung, wo — um der Leistungsfähigkeit willen — das freie Gespräch hätte vorherrschen sollen. Manstein faßte das sehr gut zusammen: „Da niemand befugt war, einen Kriegsplan zu entwerfen, am allerwenigsten offenbar das OKW, kam es praktisch darauf hinaus, daß jeder auf die Intuition des Führers wartete. Die einen, wie Keitel und Göring, in gläubiger Anbetung, die anderen, wie Brauchitsch und Raeder, in Resignation."[30] Darum kann es nicht verwundern, daß Ende Juni 1940 — Frankreich lag am Boden, und das britische Expeditionskorps war ohne seine Ausrüstung abgezogen worden — kein Plan für die Fortsetzung des Krieges existierte, falls Churchill sich weigern sollte, seine Niederlage hinzunehmen.

Zu einem großen Teil war dieser bemerkenswerte Stand der Dinge auf Mangel an gegenseitigem Vertrauen zurückzuführen, der zwischen Hitler und seinen leitenden Stabsoffizieren vorherrschte. Aber er hing auch wesentlich mit Hitlers Art zu denken zusammen. Wir haben verschiedentlich seinen Meisterplan erwähnt, um anzuzeigen, daß er einen großartigen Entwurf im Sinne hatte, der durch eine Reihe von aufeinander bezogenen Maßnahmen verwirklicht werden sollte. Dabei handelte es sich allerdings nicht um einen Plan in dem Sinne, daß Maßnahmen in Einzelheiten ausgearbeitet waren. Dadurch sollte jede einzelne Phase geheimgehalten werden, und der Entwurf erhielt dadurch ein hohes Maß an Flexibilität. Dieser Aspekt sollte im Sommer 1939 deutlich werden, als Hitler den Hauptmarsch nach Osten gegen Rußland verschob, um seine Rechnung mit dem Westen zu begleichen. Aber das Tempo, mit dem er über die französischen Truppen siegte, brachte Verwirrung in das Verhältnis von strategischer Planung und dem Apparat der Kriegsproduktion. Einsatzbefehle neu zu formulieren war nur eine Sache von Tagen. Die Richtlinien für die Produktion aber konnten nicht so schnell einer Wasser-Land-Kriegsführung angepaßt werden, und genau so ein Krieg hätte gegen England geführt werden müssen, wenn dieses sich weigerte, nachzugeben. Die so erfolgreiche Wasser-Land-Operation gegen Norwegen hätte auf lange Sicht zwar die Chancen verbessert, England durch eine Gegenblockade zu unterwerfen, kurzfristig jedoch brachte sie Verluste, die die Wirksamkeit der deutschen Marine schwächten. Im nächsten Kapitel werden wir sehen, daß Hitler während des Sommers 1940 zunehmend dahin tendierte, gegen Rußland das wirksame Instrument der Landkriegsführung zu improvisieren.

Der Norwegenfeldzug liefert eine vorzügliche Illustration der Beweglichkeit des großen Entwurfs, war er ursprünglich doch gar nicht darin enthalten. Das heißt natürlich nicht, daß Dänemark und Norwegen sich selbst überlassen bleiben sollten. Am Tag des Einmarsches sagte Hitler zu Rosenberg: „So wie aus dem Jahre 1866 das Reich Bismarcks entstand, so wird aus dem heutigen Tag das Großgermanische Reich entstehen.“[31] Damit wollte er sagen, daß es 1940 für das Reich notwendig war, andere germanische Völker anzugreifen — in diesem Fall die Dänen und die Norweger —, um einen höheren Grad an germanischer Einigkeit zu schaffen, so wie es 1866 notwendig war, gegen Österreich vorzugehen. Ursprünglich hatte Hitler nicht daran gedacht, daß dies notwendig sein könnte. Wenn er einmal die Hegemonie in Europa erreicht hätte, dann wären Dänemark und Norwegen auf den Status von Satellitenstaaten reduziert worden — ohne Kampf. Während des flauen Winters von 1939/1940 steigerte sich allerdings Hitlers Befürchtung, daß der anglofranzösische Krieg so weit in den russisch-finnischen hineingezogen werden könnte, daß die lebenswichtigen Lieferungen von Nickel aus Petsamo und die Kugellagerlieferungen aus Schweden gefährdet würden. Die Nickellieferungen umgingen die britische Blockade, indem sie durch neutrale Gewässer nach Süden kamen, und Hitlers Befürchtungen wurden verstärkt, als die Royal Navy Mitte Februar aktiv wurde und die „Altmark" aus den norwegischen Hoheitsgewässern verdrängte.

Es ist bezeichnend, daß das OKW zwar angewiesen war, die Pläne für die skandinavische Invasion vorzubereiten, daß Hitlers Entscheidung aber nicht vom OKW, sondern von Raeder und Rosenberg beeinflußt wurde, die dafür verantwortlich waren, daß Quisling dem Führer vorgestellt wurde. Im April wurde das OKW durch die Berufung Jodls gestärkt, der die Operationen des Kommandostabs zu kontrollieren hatte. Das OKH wurde aus dem skandinavischen Spiel ausgeschlossen. General Falkenhorst, der das Kommando bekam, unterstand Hitler direkt.[32] Der institutionelle Gegensatz zwischen den beiden Stäben wurde so auf die militärischen Operationen ausgedehnt. Da Keitel und Jodl Hitler völlig hörig waren, wurde er in die Einsatzleitung des Krieges hineingezogen. Den Plan für die Westoffensive hatte er nicht selbst ausgearbeitet, obwohl er im Herbst 1939 den OKH-Plan abgelehnt hatte und seine eigenen Vorstellungen weitgehend mit denen von Manstein übereinstimmten, dessen Plan dann auch angenommen wurde. Als die Offensive im Westen allerdings begann, neigte Hitler zunehmend dazu, in die Taktik einzugreifen, etwa als er verhinderte, daß General von Kleists Panzertruppe Calais nahm.[33] Nach seinen Erfolgen in Norwegen und Frankreich war Hitler, wie Jodl nach dem Krieg schrieb, „nicht mehr bereit, auf seine Militärberater zu hören . . . Von der Zeit an verlangte er von ihnen nichts mehr, außer der technischen Unterstützung, die für die

Ausführung seiner Entscheidungen notwendig war, und das reibungslose Funktionieren der militärischen Organisation, um sie auszuführen."[34]

Hitlers Triumph und seine breitgestreuten Ehrungen und Feldmarschallstäbe hatten die Zahl derer, die immer noch irgendeine Form des Widerstands erwogen, drastisch reduziert. Ihr Versagen, während der Zeit des „Scheinkriegs" etwas zu unternehmen, brachte sie in eine Zwickmühle: Wenn sie weiterhin dienten, würden sie an den Verbrechen des Regimes mitschuldig; wenn sie sich zurückzögen, wären sie, wie Beck, zur Ohnmacht verdammt und könnten die Ereignisse nicht mehr beeinflussen. Mitte März 1940 hätte es zur Entscheidung kommen können, dank des teuflischen Regimes von Hans Frank und Himmler in Polen. General Blaskowitz, der in Polen Heereskommandeur war, bereitete ein Memorandum über die Greueltaten der SS vor, das Offiziere der Abwehr unzufriedenen Generalen zeigen sollten. Blaskowitz wurde zu einer Konfrontation mit Himmler überredet. Aber als er beteuerte, er handle auf Hitlers Befehl, wurden keine weiteren Schritte unternommen.[35] Der Frankreichfeldzug, der nach den normalen Regeln des Krieges durchgeführt wurde, und die darauffolgende Besetzung, für die zumindest nominell die Wehrmacht zuständig war, beruhigten das Gewissen der Generale. Obwohl sie niemals viel von der nationalsozialistischen Ideologie begriffen hatten, nahmen sie wahr, daß die Franzosen nicht als Untermenschen anzusehen waren und deshalb nicht der Barbarei unterworfen wurden, der Polen und später die UdSSR ausgesetzt waren.

5. Der Herr Europas

Inzwischen sind wir bei der kritischen zweiten Hälfte des Jahres 1940 angelangt und haben bestimmte allgemeine Feststellungen getroffen, die von unterschiedlicher Bedeutung für Hitlers Entscheidung waren, in Rußland einzufallen. Zunächst gab es die lange Tradition der Feindschaft zwischen den germanischen und den slawischen Völkern, die von dem Überlegenheitsgefühl der Germanen gekennzeichnet war. Die nationalsozialistische Ideologie betonte gerade dieses Gefühl der Überlegenheit. Allerdings war bei den älteren Heeresoffizieren mehr als ein Jahrzehnt lang die für beide Seiten vorteilhafte Zusammenarbeit mit der Roten Armee an die Stelle der traditionellen oder ideologischen Feindschaftsgefühle getreten; Hitlers Entscheidung, durch den Pakt mit der UdSSR einen Zweifrontenkrieg zu vermeiden, war den Offizieren hochwillkommen. Bevor Hitler im Sommer 1940 zu seinem lange bevorzugten Plan zurückkehrte, Lebensraum im Osten zu gewinnen, hatten nicht einmal seine eifrigsten Stabsoffiziere dieses Projekt ausgesprochen, geschweige denn irgendwelche Pläne dafür gemacht. Nicht aus Leichtsinn, sondern weil es ihnen widerstrebte, eine solche Ausweitung des Krieges auch nur zu erwägen.

Zum anderen hatte Hitler selbst — neben der Zielsetzung, Lebensraum zu sichern — einen gewaltigen Eroberungsplan, der ihn auf lange Sicht in Konflikt mit den angelsächsischen Mächten bringen mußte. Im Sommer 1938 mußte er seinen

Plan modifizieren, da er sich nach der Niederlage Frankreichs immer noch im Krieg mit England befand, während er Frieden mit der UdSSR hatte und auf die wirtschaftliche Zusammenarbeit mit Rußland angewiesen war. Die blinde Hast, mit der er an diesen Punkt gelangte, und der Mangel an Vertrauen zwischen ihm und seinem Generalstab führten ihn dazu, daß er keinen präzisen Plan für die Fortsetzung des Krieges hatte, für den Fall, daß er ihn weiterführen wollte oder durch die Kompromißlosigkeit der Engländer dazu gezwungen wäre. Jede Entscheidung, die er jetzt traf, kam bei einem Minimum an Rücksprache mit seinem Stab zustande. Er zwang sie ihm mit irgendwelchen Behauptungen auf, die darauf berechnet waren, das notwendige Maß an Kooperation zu sichern, ungeachtet seiner wahren Motive.

Tatsächlich werden wir auf den folgenden Seiten feststellen, daß Hitler eine Vielzahl von Argumenten benutzte, um seine Entscheidung für den Einmarsch in Rußland zu rechtfertigen. Darunter werden einige sein, die einander widersprechen; etwa Rußland sei zu schwach, um Widerstand zu leisten, und Rußland plane, Deutschland anzugreifen, um sich mit England zu verbünden. Einmal behauptete er sogar, England sei im Grunde schon besiegt, man brauche es nicht weiter beachten, wenn er seine Ziele im Osten verfolge. Ein anderes Mal machte er geltend, daß die einzige Möglichkeit, mit England Schluß zu machen, darin bestehe, ihm seine letzte Hoffnung auf einen europäischen Verbündeten zu nehmen. Darum müsse zuerst die UdSSR vernichtet werden. Aus diesen widersprüchlichen Bemerkungen kann man schließen, daß Hitler wirklich am Ende war oder absichtlich seine Spuren verwischte, um diejenigen zu verwirren, die ihm widersprechen wollten. Er wußte nämlich, wie unangenehm seinen Generalen seine weiteren Abenteuer im Osten sein würden. Einige Spuren dieser Verwirrung haben sich in den Köpfen der Historiker gehalten. Aber bevor wir versuchen, diese zu entwirren, müssen wir die Probleme, mit denen Hitler tatsächlich zu tun hatte, und die Alternativen, die sich ihm boten, genauer untersuchen.

Als Hitler seine Absicht bekundete, England ein großzügiges Angebot zu machen, hat er das zweifellos kurzfristig so gemeint. Frankreich lag vor ihm im Staub. Ihm standen ein weites Gebiet und reiche Kriegsbeute zur Verfügung, um den Krieg zu finanzieren und Mussolini mit unverdientem Gewinn zu bedenken. Wenn er erst wieder Frieden mit England hätte, würde sich das wachsende Kriegsinteresse der USA verringern und Hitler hätte freie Hand, den Deutschen einen Vorgeschmack vom guten Leben der Herrenrasse in Europa zu geben oder — was wahrscheinlicher war — seine Möglichkeiten und Mittel auf einen Angriff auf Rußland zu konzentrieren. Damit soll nicht der Eindruck erweckt werden, als habe Hitler England mit seinem Friedensangebot vom 19. Juli 1940 grundsätzlich die Mitbeteiligung an der Weltherrschaft angeboten. Seine Reichstagsrede diente zwei Zwecken: Zunächst hoffte er, mit dieser Rede in England Zwietracht säen zu können, die zu Churchills Sturz führe.[1] Zum anderen wollte er die deutsche Heimatfront hintergehen, die Anzeichen von Widerwillen gegen einen weiteren Kriegswinter zeigte.

Es ist eine Illusion, zu glauben, Diktatoren, die über alle Machtmittel verfügen, seien der Beliebtheit ihres Regimes gegenüber gleichgültig. Das gilt in besonderem Maße für Hitler in seiner Eigenschaft als Feldherr, denn er erinnerte sich sehr genau, wie die Schwäche der Heimatfront die deutschen Anstrengungen im Ersten Weltkrieg untergraben hatte. Er war von der düsteren Stimmung des deutschen Volkes beim Ausbruch des Zweiten Weltkriegs enttäuscht, die sich so sehr von dem hochgestimmten Patriotismus des August 1914 unterschied. Er war sich dessen bewußt, daß die nationale Befriedigung angesichts der Siege von 1940 die tiefe Sehnsucht nach Frieden zwar zeitweilig übertönt, aber nicht begraben hatte. Ausländische Beobachter waren erstaunt, wie apathisch das Volk reagierte. William Shirer, CBS-Korrespondent in Berlin, berichtete am 6. Juni 1940: „Die Kirchenglocken läuteten und alle Fahnen waren auf Hitlers Geheiß gehißt, den Sieg über Flandern zu feiern. Aber von

Stolz über den Sieg war bei den Menschen nichts zu spüren. Überhaupt keine Gefühlsregung."[2] Im September des Jahres 1940 schrieb Hassell in sein Tagebuch: „Inzwischen wird das deutsche Volk immer kriegsmüder und im Innersten gleichgültiger."[3] Die SD-Berichte über die allgemeine Moral, die die Forderung nach Aufhebung der Rationierung betont hatten, wurden im Herbst 1940 alarmierender, als die britischen Luftangriffe heftiger wurden und schneller aufeinander folgten. Die öffentliche Meinung — auch wenn sie sich nicht deutlich artikulierte — führte auch dazu, daß Hitler seine immer noch ungebrochene Kriegslust verschleierte. In einem Augenblick der Offenheit sagte er Mitte Februar 1941 zu einem Stabsoffizier: „Wenn England erledigt ist, bringe ich das deutsche Volk nicht mehr hoch gegen Rußland. Also muß zuerst Rußland erledigt werden."[4]

Zunächst schien Hitler durch Churchills Entschluß, weiterzukämpfen, verwirrt. Er verstand es zwar, die moralische Schwäche seiner Gegner aufzuspüren, aber ihm fehlte die Fähigkeit, moralische Stärke anzuerkennen. Wenn England sich auf Kosten Polens und Frankreichs aus einer sehr schwierigen Lage befreien konnte, was sollte es davon abhalten? Bis zum Schluß hatte keiner der führenden Nazis überhaupt nur eine Ahnung von der moralischen Verachtung, die der Rest der Welt für sie hegte. Auch ahnten sie nichts von dem totalen Mißtrauen, das jeder ihrer Zusicherungen entgegengebracht wurde. Von Churchill selbst war selbstverständlich kaum etwas anderes zu erwarten. Aber Hitler, der wie seine Umgebung in dem Irrglauben befangen war, daß England von schottischen Herzögen, irischen Grafen und Zeitungsbaronen aller Schattierungen beherrscht würde, glaubte, daß der Premierminister von „Blut, Schweiß und Tränen" ohne große Schwierigkeiten beseitigt werden könnte. Schon am 21. Mai 1940 hatte Hitler die Möglichkeit einer Invasion Englands erwogen. Trotzdem hatte das OKW bis Mitte des folgenden Monats noch „keinerlei Vorbereitung getroffen".[5]

Schon bevor Frankreich gefallen war, sprach Hitler von

einem Vorstoß gegen die UdSSR. Soviel gab Jodl 1943 zu, obwohl er es später in Nürnberg für günstig hielt, den Zeitpunkt einen Monat zurückzudatieren.[6] Zur gleichen Zeit hörte Speer zufällig mit, wie Hitler mit Keitel über einen möglichen Angriff auf Rußland sprach.[7] Wir haben außerdem die Zeugenaussage von Rundstedts Stabschef, wonach Hitler Anfang Juni, als er annahm, England wolle Frieden schließen, bereit war, mit „seiner Abrechnung mit dem Bolschewismus zu beginnen". Es wird berichtet, daß Rundstedt diese Bemerkung mit Erstaunen hörte, weil ein Feldzug gegen die UdSSR „die deutschen Streitkräfte überfordern könnte".[8] Ähnliche Informationen erreichten Staatssekretär Ernst von Weizsäcker, der sie Ende Juni an Halder weitergab: „England wird voraussichtlich noch einer Demonstration unserer militärischen Gewalt bedürfen, ehe es nachgibt und uns den Rücken frei läßt für den Osten."[9]

Das war beruhigend; zwar hatte Hitler seit fünfzehn Jahren davon geschrieben und gesprochen, russisches Gebiet zu erobern, aber er war nicht in der Lage gewesen, viel in dieser Richtung zu unternehmen. Inzwischen hatte sich alles geändert: Hitler war der Herr Europas. Halder beschloß, eilige Ermittlungen anzustellen, wie ein Angriff auf die UdSSR inszeniert werden könnte. Am 4. Juli 1940 hatte er eine Zusammenkunft mit General von Küchler, der die Truppen befehligte, die nach Osten verschickt werden sollten, und seinem Stabschef General Marcks, der für die Auslandsarmee Ost zuständig war.[10] Ganz gleich, was die Zukunft bringen würde, es war sicher klug, die schwache militärische Abschirmung, die an Deutschlands Ostgrenze verblieben war, wieder zu verstärken. Halder hatte erkannt, daß Vorstöße gegen England gleichermaßen wahrscheinlich waren wie ein Vorstoß gegen die UdSSR; darum hatte er schon mit dem Marinekommando über die Aussichten einer Invasion Englands gesprochen.[11] Hitlers kurzlebiger Entschluß, Mitte Juni Soldaten aus der Armee zu entlassen, gibt uns keinen Aufschluß über seine Pläne: die Rüstungsindustrie schrie nach Arbeitskräften. In jedem Fall hätte ein mobileres Heer von nur 120 Divisionen, so wie er es sich vorstellte, für einen Angriff auf Rußland ausgereicht, wenn man seine völlig unrealistische Einschätzung der Stärke der Roten Armee zugrunde legt; und davon ging er in seinen Planungen aus.

England reagierte weiterhin weder auf formelle Friedensanträge noch auf indirekte Annäherungen, und Hitler und sein Stab wurden zunehmend unruhig, weil sie die Gründe dafür nicht entdecken konnten. Es erschien ihnen wahrscheinlich, daß England seine Hoffnungen auf die UdSSR gesetzt hatte. Diese völlig falsche Einschätzung der Lage verdeutlicht schlagartig, wie sehr das Denken des Führers und seiner Generale von der Idee eines Festlandkrieges (Kontinentalkrieg) beherrscht war. Tatsächlich richtete sich Churchills ganze Hoffnung und die des englischen Volkes auf Roosevelt und das amerikanische Volk, mit dem Großbritannien durch die Lebensader der Royal Navy verbunden war. 1918 hatten die USA die Situation gerettet, sie würden es wieder tun. Auf jeden Fall hatten die britischen Militärexperten kein Vertrauen in die Fähigkeit der Roten Armee, den Deutschen zu widerstehen. Ein Jahr danach, am Vorabend der „Operation Barbarossa", hielt der Verband der Nachrichtendienste in London das sowjetische Oberkommando für unfähig, eine Initiative zu ergreifen, und war überzeugt, daß die Rote Armee „eine sehr altmodische Ausrüstung habe", die zudem noch schlecht gepflegt sei.[12] Die deutsche Auffassung war, wie wir sehen werden, ganz ähnlich.

Am 13. Juli 1940 fand die Konferenz mit Hitler statt. Halder berichtete danach, wie der Führer das Rätsel zu lösen gedachte, das der englische Eigensinn den Deutschen aufgab: „Er sieht ebenso wie wir die Lösung der Frage darin, daß England noch eine Hoffnung auf Rußland hat. Er rechnet also damit, England mit Gewalt zum Frieden zwingen zu müssen."[13] Wohlgemerkt, zu diesem Zeitpunkt sollte England, nicht Rußland unter Druck gesetzt werden; das entspricht auch dem Dokument über die Anweisungen zur „Operation Seelöwe" gegen England vom 16. Juli. Acht

Tage danach empfing Hitler Brauchitsch, der ihm einen allgemeinen Überblick über die Entwicklungsmöglichkeiten geben mußte. Zunächst erwogen sie eine Anregung, die Jodl in einer Denkschrift vom 30. Juni 1940 gemacht hatte. Darin schlug dieser vor, die Zusammenarbeit mit verschiedenen Staaten — einschließlich der UdSSR — zu sichern und den Krieg gegen England weiterzuführen. Zu jener Zeit hielten Jodl wie Raeder England für den Hauptfeind. Dann wandte sich das Gespräch dem „russischen Problem" zu, und da folgte, wie Halder, der nicht anwesend war, am nächsten Tag protokollierte, die erste Skizze eines Planes für die Invasion Rußlands im Herbst 1940. Dieser Teil des Protokolls beginnt mit den Worten: „Dem Führer ist gemeldet..." Es gibt keinerlei Anhaltspunkte, von wem Hitler die Skizze für den Plan oder die haarsträubende Fehlinformation, auf der dieser Plan beruhte, bekommen hatte. Nur „vier bis sechs Wochen" wurden für die Konzentration der deutschen Truppen zugestanden, die sich dann auf „achtzig bis einhundert Divisionen" belaufen sollten. Die Einschätzung der sowjetischen Stärke ist in der knappen und irreführenden Feststellung enthalten: „Rußland hat fünfzig bis fünfundsiebzig gute Divisionen."[14] Dieser letzte Punkt brachte Halder dazu, dem Protokoll eine private Note hinzuzufügen, die Daten bei Kinzek zu überprüfen, der tatsächlich zwei Tage danach die folgende realistischere Aufstellung der sowjetischen Truppenstärke lieferte: 90 Infanteriedivisionen, 23 Kavalleriedivisionen und 28 motorisierte Brigaden. Was die Aufstellung der eigenen Truppen betraf, so machte Halder später acht Wochen zur Bedingung.[15]

Wir sollten diesen Vorfall etwas genauer untersuchen, zumal Barry A. Leach in einer ansonsten beeindruckenden Arbeit über die „Operation Barbarossa" die Theorie vertritt, die Generale hätten Hitlers Wünsche vorausgeahnt und die Invasion der UdSSR geplant. Die Skizze für Hitler sei das Werk Brauchitschs gewesen, der sich bei seinem Führer einschmeicheln wollte. Diese Vermutung findet keinerlei Unterstützung in dem Protokoll des Hitler-Brauchitsch-

Gesprächs noch — wie Professor Leach zugibt — in den Zeugenaussagen der überlebenden Generale, die beide Männer gekannt hatten.[16] Selbst wenn die letztgenannten Zeugen allgemein als voreingenommen betrachtet werden sollten, so bleibt noch der Rechenschaftsbericht von Helmuth Greiner, der in den Jahren von 1939 bis 1943 ein Kriegstagebuch führte.[17] Er bestärkt die Ansicht anderer bekannter Historiker, daß nämlich der übereilte Angriff auf Rußland im Jahre 1941 von Hitler selbst ausging. Auf die Frage, vom wem Hitler seine Informationen hatte, wenn nicht von Brauchitsch, gibt es verschiedene plausible Antworten. Die wahrscheinlichste ist, daß er seinen Chefadjutanten Oberst Schmundt bewußt dazu benutzte, das OKH zu umgehen. Es ist unwahrscheinlich, daß er in diesem Fall vom OKW beraten wurde, denn Keitel brachte ihn von dem Herbsttermin ab.

Immerhin, Hitler konnte Entscheidungen mit einem Minimum an ihm bekannten Fakten treffen. In diesem Punkt widerspricht Warlimont seinem früheren Chef Jodl, der in Nürnberg behauptet hatte, „daß der Führer, wie alle anderen Oberbefehlshaber, Karten, Stärkemeldungen — eigene Stärke, gegnerische Stärke —, Meldungen über den Gegner... verlangte, um dann seine Anordnungen zu treffen“. Warlimont bestätigt jedoch, daß „Hitler tatsächlich eher umgekehrt“ verfahren ist, „... ganz besonders bei dem Überfall auf Rußland ... hat er sich vorwiegend von der Besessenheit seiner politischen Vorstellungen leiten lassen, ohne den militärischen Verhältnissen das ihnen zukommende Gewicht beizulegen“.[18]

Im November 1939 hatte der Führer versucht, sein Heer ohne ausreichende Vorbereitung in den Westfeldzug zu stürzen. 1940 handelte er ähnlich. Im Gegensatz dazu Brauchitsch, gleichgültig, was dieser gerade am 21. Juli genau gedacht haben mag; wir wissen nichts davon; er war bekannt für seine Wortkargheit in Hitlers Gegenwart und hatte wiederholt gezeigt, daß er die Initiative nicht ergreifen wollte. Von seiner Ausbildung und seiner Art her war er ein nüchterner Stabsoffizier. Wenn er in einer Situation Vorsicht und Zurückhaltung in den Wind geschlagen hätte, so hätte er zumindest die „Osttruppen“ konsultiert und sich die neuesten Berichte über die Rote Armee beschafft. Unter keinen Umständen hätte er seine militärischen Kompetenzen überschritten und versucht, Hitler im Hinblick auf die politischen Ziele des Angriffs zu beraten, die in Halders Protokoll — wie zehn Tage später in Bemerkungen des Führers — mit Begriffen umschrieben wurden, die stark an nationalsozialistische Außenpolitik erinnern: „Politisches Ziel: Ukrainisches Reich. Baltischer Staatenbund, Weiß-Rußland, Finnland, Baltikum. ‚Pfahl im Fleisch‘.“[19]

Erst am 29. Juli gab Halder Marcks den Auftrag, „die gedanklichen Grundlagen für eine Angriffsoperation im Osten zu klären“.[20] Nach dem Krieg sagte Halder aus, er sei ganz entschieden gegen den Ostfeldzug gewesen. Selbst wenn wir dieses Nachkriegszeugnis verwerfen wollen, so beweist der Befehl an Marcks nichts Gegenteiliges. Es ist das Geschäft eines Generalstabs, Pläne für Eventualfälle zu machen, die dann eines Tages oder keines Tages verwirklicht werden. Die Frage, ob Rußland oder England anzugreifen sei, war immer noch offen. Halder schrieb am 30. Juli auf, was er und Brauchitsch über die Angelegenheit dachten: „Die Frage, ob man, wenn gegen England eine Entscheidung nicht erzwungen werden kann und die Gefahr besteht, daß England sich mit Rußland liiert, den dann entstehenden Zweifrontenkrieg zunächst gegen Rußland führen soll, ist dahin zu beantworten, daß man besser mit Rußland Freundschaft hält. Besuch bei Stalin wäre erwünscht... Unter dieser Voraussetzung könnten wir den Engländer im Mittelmeer entscheidend treffen, von Asien abdrängen...“[21] Dieses eine Mal waren das OKH und das OKW einer Meinung; sie waren nicht nur gegen eine Invasion Rußlands im Herbst 1940, sie waren überhaupt dagegen. Aber, wie üblich, gab Jodl seinen Widerstand auf, sobald er sah, daß der Führer sich entschieden hatte. Und am 29. Juli teilte er die Entscheidung dem OKW-Stab mit. Warlimont berichtete: „Jodls

Worte schlugen ein wie ein Blitz. Noch größer wurde womöglich die Verwirrung, als die ersten Gegenfragen ergaben, daß nicht etwa der Kampf gegen England auf alle Fälle vorher abgeschlossen sein, sondern im Gegenteil der Sieg über Rußland, den letzten ‚Festlandsdegen', auch als das beste Mittel gelten sollte, um England, wenn nicht doch noch auf anderen Wegen erreichbar, zum Frieden zu zwingen."[22] Tatsächlich hat Hitler diese Beweisführung — das 1812-Syndrom — auf seiner Konferenz mit Raeder, Brauchitsch und anderen führenden Stabsoffizieren am 31. Juli ausgebrütet. Sie war entstanden, nachdem Raeder die Konferenz verlassen hatte. Er war ein beharrlicher Gegner der „Operation Barbarossa". Er sah in England den Hauptfeind und wollte es im Mittelmeer angreifen. Diesen Kurs hatte auch Brauchitsch auf der Konferenz unterstützt. Der spätere Teil der Diskussion, der sich mit Rußland befaßte, kam nach einer Auseinandersetzung mit Raeder und dem OKH über die Landung deutscher Truppen in England. Hitler mag dieser Augenblick günstig erschienen sein, seine Alternativvorschläge vorzubringen. Das bedeutete, daß die Reserven zum Heer übergingen, um es auf eine Stärke von 180 Divisionen zu bringen, statt Raeder die zusätzlichen U-Boote zu geben, für die er schon den ganzen Sommer plädiert hatte. Der Führer kam wehmütig auf seine Äußerungen zurück, die er vor zehn Tagen gegenüber Brauchitsch gemacht hatte, und erläuterte, daß es das beste sei, wenn der Rußlandfeldzug 1940 stattfände. Dies sei aber nicht möglich, da ein „Stillstehen im Winter bedenklich" und ein fünfmonatiger Feldzug notwendig sei. Er sprach wieder von den politischen Zielen, und zwar in fast genau denselben Redewendungen, die er benutzt hatte, als er mit Brauchitsch allein gesprochen hatte.[23] Er versuchte, das Widerstreben der Generale durch unklare Anspielungen auf „abgehörte Gespräche" zu überwinden, und ließ durchblicken, daß er Kontakte zu Geheimdiensten habe, von denen sie nichts wüßten, die aber den Beteuerungen seines Botschafters in Moskau widersprächen, daß tatsächlich keine anglo-sowjetische Annäherung stattfände.

Bevor wir uns näher mit dem 1812-Syndrom befassen, müssen wir uns mit der Entwicklung der „Operation Seelöwe" beschäftigen. Wenn Hitler am 31. Juli die unwiderrufliche Entscheidung getroffen hat, Rußland zu vernichten, dann kann der Befehl des folgenden Tages, als Vorspiel zur Landung auf den Britischen Inseln die Luftwaffe gegen England fliegen zu lassen, als eine Art Bluff angesehen werden. Tatsächlich sehen die meisten deutschen Feldmarschälle und Generale, die das Kriegsende überlebt haben, die Sache so. Hitler hatte Rundstedt — so dessen Biograph — im Juli 1940 privat anvertraut, daß „er nicht beabsichtige, die ‚Operation Seelöwe' durchzuführen".[24] Manstein und Guderian sahen die Sache im großen und ganzen ähnlich. Die wahre Frage ist allerdings nicht, ob Hitler eine schnelle Unterwerfung Englands erreichen, sondern welches Risiko er dafür auf sich nehmen wollte. Der Zeitplan und der Umfang der geplanten Landungen erforderten ein Höchstmaß an technischem Können. Zum einen war Hitler der Gnade seines Stabs ausgeliefert, und zum anderen war sein Stab unter sich selbst uneins. Nur eines war allen klar: Wenn die deutsche Luftwaffe der RAF nicht soweit überlegen war, daß sie die ersten Landungstruppen decken und ihre Versorgung sichern konnte, waren die Risiken zu groß. Gegen Ende August hatten die Jagdgeschwader (Fighter Command) die eigenen Stellungen gehalten, während die Bomberkommandos (Bomber Command) angefangen hatten, gegen Berlin zu fliegen, und damit Göring verleitet hatten, seine Bomber zu Terrorangriffen auf London umzuleiten, was die Ziele der „Operation Seelöwe" nicht weiter förderte. Gegen Mitte September wurde Hitler klar, daß die Engländer nicht die Nerven verlieren würden und damit die Vorbedingungen für „Seelöwe" nicht erfüllt wären. Danach wurde die Operation nur als Tarnung für Übungsmanöver fortgeführt, die der Vorbereitung des Rußlandfeldzuges dienten.

Es muß aber betont werden, daß Hitler, noch bevor der Luftangriff voll im Gange war — ganz abgesehen davon, daß er fehlschlug —, bestimmte Entscheidungen getroffen hatte, die darauf hinwiesen, daß er Rußland überfallen wollte, ob das Unternehmen „Seelöwe“ stattfand oder nicht. Die eine davon war die Verstärkung des Heeres; dies entsprach einer höheren Einschätzung der sowjetischen Stärke seit dem 24. Juli 1940. Entsprechende Instruktionen wurden am 2. August 1940 inoffiziell an die Rüstungsindustrie gegeben und Ende September offiziell bestätigt.[25] Am 9. August erhielt das OKW den Befehl, im Osten Vorbereitungen für die Aufnahme einer großen Truppenzahl zu treffen, die dort Quartier nehmen sollte (Aufbau Ost).[26]

Am 14. August informierte Göring den General Thomas, daß die russischen Lieferungen nur bis zum Frühjahr 1941 fortgesetzt würden.[27] Thomas war schon lange wegen der Belastung der Rüstungsindustrie beunruhigt, die gezwungen war, an den Wirtschaftsabkommen mit der UdSSR festzuhalten.

Keine dieser Entscheidungen war unwiderruflich, betrachtet man sie aber zusammen, dann ergibt sich, daß schon Mitte August die ernsthafte Absicht, England zu vernichten, nicht mehr den Vorrang vor der Vernichtung Rußlands gehabt haben kann. Die These, daß Moskau eine Station auf dem Umweg nach London war, ist nur unter der doppelten Voraussetzung sinnvoll, daß der Krieg im Osten bald vorüber sein würde und daß der Führer sich dann mit doppelter Kraft gegen seinen Hauptgegner, England, wenden könnte. Die erste dieser Voraussetzungen wurde, wie wir sehen werden, tatsächlich angenommen; aber wenn England der Hauptfeind war, dann verfolgte Hitler einen Angriffsplan, der einzigartig ist. In dem Fall wäre es einleuchtender gewesen, wenn die folgenden Schritte unternommen worden wären: Zunächst hätte man erfahrene Männer aus dem Heer entlassen sollen, um sie im U-Boot- und Langstreckenflugzeugbau einzusetzen, damit man England von seinen Lieferanten abschneiden konnte. Die Anzahl der versenkten Schiffe im Oktober 1940 ermutigte zu dieser Strategie, obwohl Admiral von Dönitz annahm, daß das vor Ende 1941 keine entscheidenden Ergebnisse erbringen würde.[28] Wir haben gesehen, daß Hitler diese Prioritätenliste in der Produktion nicht übernahm. Es ist zwar richtig, daß die Luftwaffe ihre Bombenangriffe fortsetzte; aber von 738 Luftangriffen im Oktober 1940 waren nicht weniger als 333 gegen London gerichtet, anstatt sie auf die Hafenanlagen und die Schiffahrt entlang den Küsten der Insel zu konzentrieren. Die Produktion von Bombenflugzeugen hatte ihren Schwerpunkt weiterhin bei Mittelstreckenbombern und Stukas.[29]

Zum zweiten hätte Hitler die Strategie übernehmen sollen, die Raeder, Brauchitsch und Jodl ihm immer wieder empfohlen hatten. Er hätte die rückwärtigen Verbindungen der Engländer im Mittelmeerraum angreifen und damit Italien in Nordafrika unterstützen sollen und in der arabischen Welt Unruhe gegen England schüren, möglicherweise zusammen mit Vichy. Solch ein Kurs hätte einen offenen Austausch der Ansichten und eine gemeinsame Politik mit Mussolini bedeutet. Dazu kam es nie. Tatsächlich gab es kein Treffen zwischen Mussolini und Hitler zwischen dem 18. Juni (München) und dem 4. Oktober 1940 (Brenner). In der Zwischenzeit traf Hitler einmal mit Graf Ciano, dem italienischen Außenminister, zusammen, aber die Unterredungen drehten sich im wesentlichen um die Aufteilung Frankreichs und die Situation auf dem Balkan. Im übrigen verstanden sich die beiden Männer in den meisten Fällen überhaupt nicht. Schließlich, wenn Hitler in England wirklich seinen Hauptfeind gesehen hätte, dann hätte er, wie Brauchitsch und Halder hofften, die guten Beziehungen zu Stalin aufrechterhalten, sich einen ununterbrochenen Zufluß an kriegswichtigem Rohmaterial durch die Sowjetunion gesichert und es um jeden Preis vermieden, Churchill Stalin in die Arme zu treiben. Kurz, er hätte davon Abstand genommen, einen neuen großen Kriegsschauplatz zu schaffen; allerdings hatte er die Japaner aufgestachelt, eine Umleitung britischer Bodenschätze zu erzwingen, indem sie die Kolonien im Fernen Osten und in Südostasien angriffen.

Welchen Grund gibt es, die andere Argumentation zu unterstützen, die Hitler zu jener Zeit benutzte, um seine

Generale von der Notwendigkeit eines Zusammenstoßes mit der UdSSR zu überzeugen, daß er nämlich einer russisch-englischen Wiederannäherung, die sich bereits entwickle, zuvorkommen müsse? Wir sahen, daß er seine Argumentation auf „abgehörte Gespräche" stützte, ohne daß er seine Informationsquellen preisgab. Es wurde als glaubhaft angenommen, daß er sich auf Geheimdienstmaterial der Italiener bezog, die die Berichte des neuen jugoslawischen Botschafters in Moskau, Milan Gavrilovic, abhörten. Gavrilovic, der am 29. Juni die diplomatischen Beziehungen zwischen den beiden Staaten eröffnet hatte, war kein gelernter Diplomat, er hatte eine politische Karriere gemacht. Es scheint, daß er in deutschfeindliche Bemerkungen, die Molotow gemacht hatte, zuviel hineininterpretierte und glaubte, daß die Moskau-Mission von Sir Stafford Cripps Erfolge zeitige.[30] Diese Interpretation wurde von dem erfahrenen deutschen Botschafter in Moskau, Friedrich Werner von der Schulenburg, der fest an die deutsch-russische Kooperation glaubte, zurückgewiesen. Hitler aber empfand tiefes Mißtrauen gegenüber Berufsdiplomaten, und er behandelte von der Schulenburg mit soviel Geringschätzung, daß er Ende April 1941 seinem Botschafter noch erzählte, er plane keinen Krieg gegen die UdSSR.[31] Es wäre darum typisch für Hitler, wenn er sich in diesem Fall auf die unzuverlässigere Quelle stützte, zumal sie zu der These paßte, die er fördern wollte.

Tatsächlich war Cripps, obwohl ausgesucht, die sowjetischen Vorurteile abzubauen, in Moskau nicht empfangen worden. Als die britische Regierung im Mai 1940 seinen Namen als den eines Sonderbeauftragten in Sachen Handelsprobleme übermittelte, weigerte sich Stalin, ihn zu sehen, es sei denn, er käme als Botschafter. Die Folge war, daß Cripps erst am 1. Juli ein Gespräch mit Stalin hatte; aber schon 12 Tage später beschwor Hitler das Gespenst einer russisch-britischen Wiederannäherung.[32] Die Wirklichkeit war völlig anders, wie der sowjetische Botschafter Maisky in London beobachten konnte: „Die ablehnende Haltung der britischen Regierung gegen die Eingliederung der baltischen Staaten in die UdSSR gab Anlaß zu einer Reihe von Streitgesprächen zwischen London und Moskau, die die Atmosphäre vergifteten. . ."[33] Stalins Mittäterschaft an der Teilung Polens war ein noch ernsteres Hindernis für eine Verbesserung der Beziehungen. Noch im Dezember 1941, als Stalin die deutsche Invasion endlich zum Stillstand gebracht hatte und mit England über ein Bündnis verhandelte, kam es über der Frage nach den künftigen Grenzen Polens zu Schwierigkeiten und Verzögerungen — selbst mitten im Krieg. Hitler hatte keinen Grund, sich über die frostigen anglo-sowjetischen Beziehungen hinwegzutäuschen. Denn schließlich hatte er gründlich zu dieser Situation beigetragen, als er ausgewählte Zitate aus den Protokollen der englisch-französischen Militärplanung, die ihm in die Hände gefallen waren, veröffentlicht hatte. Dazu gehörte der Vorschlag, den die Alliierten im Frühjahr 1940 diskutierten, sowjetische Ölquellen zu bombardieren, um Deutschland von seinen wesentlichen Versorgungsquellen abzuschneiden.[34] Es ist bemerkenswert, daß nach 1940, als die deutsche Kriegsmaschinerie sich auf die „Operation Barbarossa" festgelegt hatte, eine angebliche Verbesserung der anglo-sowjetischen Beziehungen mit keinem Wort mehr erwähnt wurde.

Zwar scheint klar zu sein, daß Hitler tatsächlich übertrieb, wenn er von der Gefahr sprach, die er angeblich fürchtete. Aber es bleibt auch die Tatsache bestehen, daß Stalin im Sommer 1940 das Verteidigungsglacis an seiner Westgrenze merklich verstärkte. Der Friedensschluß mit Finnland im März — wie auch die Besetzung der baltischen Staaten im Juni — hatte die Verteidigungschancen für Leningrad verbessert. Im gleichen Monat hatte er Rumänien Bessarabien abgenommen, wie im Geheimprotokoll seines Abkommens mit Hitler 1939 vorangekündigt, sowie die Nord-Bukowina, die im Protokoll nicht erwähnt wurde. Dieses Vorrücken auf Kosten Rumäniens hatte ihn den Ölquellen des Landes nähergebracht, von denen die beiden Achsenmächte so abhängig waren. Die Aussicht auf eine Teilung Rumäniens schürte auch revisionistische Bestrebungen in Ungarn und

Bulgarien, die beide nach dem Ersten Weltkrieg Land an Rumänien verloren hatten. Stalin unterstützte diese Tendenzen wie auch Bulgariens Forderungen gegen Griechenland und verlangte noch einmal, wie schon so oft, die Änderung der Bosporus-Vereinbarung. Durch diese Aktionen hatte Stalin nicht nur seine Grenzen vorgeschoben, er hatte auch darauf aufmerksam gemacht, daß er nicht übersehen werden dürfe, wenn eine weitere Aufteilung Europas überlegt würde.

Die unsichere Lage zwang die Achsenmächte, einzuschreiten. Ohne die UdSSR zu konsultieren, trafen sich Ribbentrop und Graf Ciano Ende August in Wien und drängten Rumänien eine Regelung auf, nach der die Süd-Dobrudscha an Bulgarien und der größte Teil des nördlichen Transsylvanien an Ungarn fiel. Hitler willigte dann in Rumäniens Ersuchen ein, Garantien für sein verstümmeltes Gebiet zu übernehmen, was symbolisch durch die Anwesenheit einer deutschen Militärmission geschah. Zur gleichen Zeit stimmte Hitler der Lieferung moderner Ausrüstungen an die finnische Armee zu, die auch unter neuerlichem russischem Druck litt.[35] Stalin verlor diese diplomatische Manöverrunde, denn alle Länder, die sich bedroht fühlten — Finnland, Rumänien und die Türkei —, bemühten sich sofort, ihre Beziehungen zum Reich zu verbessern. Es muß jedoch betont werden, daß die russische Bedrohung drei kleineren Staaten galt, von denen keiner direkt an Deutschland grenzte. Deutschland war nicht bedroht, es sei denn, daß es von der UdSSR noch abhängiger würde, wenn diese Länder unwiderruflich unter sowjetische Herrschaft fielen. Es brauchte Nickel aus Finnland, Öl aus Rumänien und Chrom aus der Türkei.

Obwohl Hitlers wirtschaftliche Abhängigkeit nicht viel größer wurde, spricht ein Sachverständiger von „der russischen Bedrohung, die seine wirtschaftlichen Lebensadern in Osteuropa abschnitt",[36] und er folgert, „daß die Gefahr vom Osten im Sommer 1940 anfing, wirklich bedrohlich zu erscheinen".[37] Es fällt schwer, solcher Argumentation zu folgen. In dem Sommer, als Frankreich fiel, als England allein gegen Hitler stand, war er Stalins Gnade weit weniger ausgeliefert als im August 1939, als der Führer seine wirtschaftliche Abhängigkeit von Rußland in einem Vertrag besiegelte, der von seinem Partner peinlich genau beobachtet wurde. Dieses Wirtschaftsabkommen, durch das im wesentlichen russisches Rohmaterial gegen deutsche Industrieprodukte — vor allem Waffen — getauscht wurde, sollte vornehmlich für Rußland ein Anreiz sein, Frieden zu halten, da es Rohstoffe lieferte, die leicht zu haben, aber schwer zu lagern waren, und zum Tausch dafür Waffen erhielt, die es vorerst nicht produzieren und liefern konnte. Allerdings fielen die Deutschen mit ihren Lieferverpflichtungen so weit zurück, daß Hitler Ende März 1940 den Befehl gab, daß Lieferungen an die UdSSR den Vorrang vor Wehrmachtslieferungen hätten, da er eine Unterbrechung der ihm lebenswichtigen Lieferungen verhindern wollte.[38] Trotz der Schwierigkeiten war dieses Tauschgeschäft für beide Seiten so gewinnbringend, daß am 10. Januar 1941 ein erweitertes Abkommen abgeschlossen wurde.

Zur Zeit der deutschen Invasion — sechs Monate später — hatten die sowjetischen Lieferungen ihren Zeitplan überholt. Von daher wird deutlich, daß Hitler nicht wirklich unter Druck stand, obwohl es natürlich die Möglichkeit gab, ihn unter Druck zu setzen. Handel bedeutet immer ein gewisses Maß an Abhängigkeit; daraus folgt aber nicht, daß Handel die Sicherheit des Partners bedroht. Im Gegenteil, er führt normalerweise zu wachsendem gegenseitigem Vertrauen und verbesserten Beziehungen.

Wenn Stalin lieber mit Hitler Handelsverträge abschloß, als das Risiko einzugehen, von ihm im August 1939 angegriffen zu werden, als er noch auf Hilfe aus England und Frankreich hoffen konnte, warum sollte er ein solches Risiko auf sich nehmen, als die Rote Armee auf dem europäischen Kontinent der siegreichen Wehrmacht allein gegenüberstand? Diese Frage stellen heißt sie beantworten. Tatsächlich zeigten Stalins Handlungen in den sechs Monaten vor der Invasion Rußlands, daß er einen Krieg verhindern wollte.

Hitler schätzte Stalins Absichten genauso ein. Am 9. Januar 1941 versicherte er seinen führenden Militärs: „Stalin ... sei ein kluger Kopf, er werde nicht offen gegen Deutschland auftreten ...“[39] Hitler wollte sich nicht wirtschaftlich an Rußland binden. Außerdem glaubte er nicht, daß der Handel die wahre Quelle des Reichtums einer Nation sei. Er war der Überzeugung, daß nur mehr Land und mehr Bauern eine Nation stark machten. Zudem war seit seiner Machtübernahme sein Ziel stets eine größere Unabhängigkeit gewesen, weshalb er die Abhängigkeit der Nation von fremden Rohstoffen auf ein Minimum reduzieren wollte. Er überfiel Rußland nicht, weil es ihm den Lebensnerv seiner Handelsmöglichkeiten abschnitt, sondern weil er das Öl des Kaukasus und den Weizen der Ukraine besitzen wollte.

6. Chancen im Mittelmeerraum — Der Griff nach dem Balkan

Wir haben gesehen, daß Hitlers Entscheidung von 1939, die UdSSR zu hofieren und den Krieg mit England zu riskieren, die Phase seines großen Entwurfs vorantrieb, in der er die angelsächsischen Mächte herausfordern wollte, ohne sich zunächst die Vorherrschaft in Europa gesichert zu haben. Seine Waffenproduktion konnte nicht sogleich diesem Planwechsel angepaßt werden. Zwar waren die USA noch nicht in den Krieg eingetreten, aber der deutschen Marine und Luftwaffe fehlten die Mittel, Englands Lebensadern zu zerstören. Von großer Wichtigkeit für die englischen Kriegsanstrengungen waren allerdings auch seine Versorgungslinien im Mittelmeerraum. In diesem umschlossenen Meer konnte die Luftwaffe erfolgreich operieren, und wenn die italienische Armee in Nordafrika Alexandria nähme, könnte der Suez-Kanal für die englische Schiffahrt gesperrt werden. Abgesehen von der undurchsichtigen Haltung der Ägypter, arbeiteten englandfeindliche Elemente an beiden Enden des Mittelmeers. Franco mochte versucht sein, Gibraltar einzunehmen und damit den Achsenmächten für ihre Hilfe im spanischen Bürgerkrieg auf praktische Weise seine Dankbarkeit zu erweisen. In Syrien war das traditionelle französische Mißtrauen gegen die englische Politik im Nahen Osten durch die bittere Niederlage und den Angriff der Royal Navy auf die französische Flotte bei Oran verschärft worden. Der Großmufti von Jerusalem, Haj Amin, war nicht der einzige Führer in der arabischen Welt, der England feindlich gesonnen war. In der ersten Augustwoche des Jahres 1940 wurden alle diese Fakten beim OKW — mit Brauchitschs Unterstützung — ernsthaft in die Überlegungen miteinbezogen, den Kampf gegen England im nächsten Winter fortzuführen, falls die „Operation Seelöwe" nicht stattfände.[1] Am 14. August ermächtigte Hitler das OKW, eine Einsatzstudie für die Eroberung Gibraltars zu erarbeiten. Zur gleichen Zeit diskutierte Jodl mit seinem Stab die Frage, wie Deutschland — auf Anfrage — Italien bei der Einnahme Ägyptens helfen könne, und auch die Notwendigkeit, Italien von belanglosen Eskapaden auf Kosten Jugoslawiens abzubringen. „Dazu sei aber eine sehr viel engere Zusammenarbeit der Achsenmächte notwendig als bisher", schloß Jodl die Unterredung.[2] Aber davon konnte beim derzeitigen Stand der Dinge noch keine Rede sein. Eine engere Zusammenarbeit war wegen Mussolinis verblüffender Entschlossenheit, als gleichberechtigter und unabhängiger Verbündeter angesehen zu werden, unmöglich. Und Hitler wollte die Wünsche seines Mitdiktators respektieren, um dessen Ansehen zu Hause und im Ausland nicht zu untergraben. Hitler kannte die Schwächen des Faschismus sehr wohl. Wie sehr er sich auch über seine Generale beklagte, sie konnten zumindest keinen königlichen Schutz suchen. Er hatte zwar ein paar widerspenstige Bischöfe im Reich, aber keinen Papst. Vor allem aber erlaubte Hitler Mussolini, seinen eigenen Weg zu gehen, weil er — Hitler — entschlossen war, sich selbst keinen Grad von seinem Weg abbringen zu lassen, etwa wegen einer früher eingegangenen Bindung oder weil er sich verpflichtet hatte, seinen Verbündeten zu konsultieren.

Der Stahlpakt basierte darum nicht, wie das englisch-amerikanische Bündnis, auf einer Abgrenzung der verschiedenen Operationsgebiete. Wenn Hitler nicht bereit war, Mussolini wegen seiner Behandlung der Polenfrage oder wegen seines Einmarsches nach Rußland zu konsultieren, so folgte für ihn daraus, daß er das Mittelmeer als ein italienisches „Mare nostrum" anerkannte. Mussolini und seine Armee waren sich einig, daß sie die Deutschen da so weit wie möglich heraushalten wollten. Nur ihr trauriger Rekord an Verlusten bewog sie in Nordafrika wie in Griechenland, das Tor zu öffnen. Von Anfang an hatte Hitler daran gedacht, den Italienern Unterstützung zu gewähren. Als er sich am 8. Juli 1940 mit Graf Ciano traf, hob er die Wichtigkeit von Gibraltar hervor und nachdem Ciano großartig angekündigt hatte, daß ein Angriff auf Ägypten bevorstehe, bot Hitler ihm Langstreckenbomber an, die die Zufahrten zum Suez-Kanal verminen sollten, solange er in englischen Händen wäre.[3] Statt einer Antwort lenkte Ciano das Gespräch auf die Unverschämtheit der Griechen. Die Italiener wollten Panzerfahrzeuge, Panzerabwehrgeschütze und anderes Kriegsmaterial von Deutschland haben. Aber die Wehrmacht, selbst knapp an Ausrüstung und nicht sicher, ob diese von den Italienern nutzbringend eingesetzt würde, wollte lieber Truppen schicken. Am 5. September teilte das OKW dem italienischen Militärattaché in Berlin, der erneut um Rüstungsmaterial angefragt hatte, mit, der Führer sei bereit, Panzereinheiten nach Libyen zu schicken.[4] Wie weise dieses Angebot war, zeigte sich schon zwölf Tage danach, als die italienische Offensive zum Stillstand kam, nachdem sie nicht einmal 100 Wüstenkilometer zurückgelegt hatte. Als Hitler aber bei seiner Zusammenkunft mit Mussolini auf dem Brenner Anfang Oktober 1940 sein Hilfsangebot erneuerte, nahm Mussolini das Angebot nur für die Schlußphase des bevorstehenden Feldzugs — nämlich für den Angriff auf Alexandria — an. Trotzdem begannen die Deutschen, Vorbereitungen für die Entsendung von Panzereinheiten zu treffen.[5]

Die Italiener verloren ihre Zuversicht angesichts der englischen Gegenoffensive in Nordafrika rasch, welche am 9. Dezember 1940 begann, aber noch mehr angesichts der demütigenden Niederlage, die Griechenland ihnen zugefügt hatte. Mitte Februar 1941 war Rommel mit seinem Afrikakorps, das zunächst aus einer leichten Division bestand, bereit, das Blatt zu wenden. Er zeigte so, wieviel hätte erreicht werden können, wenn in guten Zeiten vorsichtig aufeinander abgestimmte deutsch-italienische Pläne gemacht worden und wenn sie — von deutscher Seite — mit mehr Nachdruck in die Tat umgesetzt worden wären. So, wie die Dinge standen, vergrößerte Hitlers Ablehnung des OKW-Vorschlages, Malta statt Kreta zu nehmen, die ständige Schwierigkeit, Rommel jenseits des Mittelmeers angemessen zu versorgen. Nach dem Krieg stellte Kesselring fest, daß Hitler die Wichtigkeit des Mittelmeers unterschätzt habe.[6]

Hitler, der bis dahin ein hohes Maß an strategischem Opportunismus gezeigt hatte, starrte, als sich die große Gelegenheit bot, so gebannt nach Osten, daß er auf jede Form der Flexibilität verzichtete, aus Angst, er müsse die Pläne für seinen Rußlandfeldzug ändern.

Am Westende des Mittelmeeres waren Hitlers diplomatische Vorbereitungen noch kärglicher. Kurz bevor er Frankreich den Waffenstillstand aufzwang, erhielt er Hinweise, daß Franco für reiche Bestechungsgeschenke in Form von wirtschaftlicher und militärischer Hilfe und in Gestalt großer Gebiete aus den französischen Territorien in Nord- und Westafrika in den Krieg eintreten wollte. Hitler war schon reichlich damit ausgelastet, einen Nachzügler — in der Person des Duce — zu befriedigen. Darum nahm er nicht auch noch den Caudillo sofort in seine Liste auf. Aber Mitte August widersetzte sich England immer noch, und die Schwierigkeiten der „Operation Seelöwe“ traten immer deutlicher zutage. Da beauftragte Hitler das OKW, einen detaillierten Plan für die Eroberung des Felsens von Gibraltar auszuarbeiten, in der Annahme, daß er sich Francos Mithilfe sichern könne.[7] Der englische Widerstand aber, der Hitler veranlaßte, die „Operation Felix“, wie sie genannt wurde, ins Leben zu rufen, führte Franco dazu, seine Forderungen ins Unermeßliche zu steigern. Seine atlantischen Inseln und Spaniens kantabrische Küste sowie der Überseehandel waren den Raubüberfällen einer Seemacht gefährlich ausgesetzt, und in jedem Falle hatte er niemals mehr tun wollen, als die englische Leiche wegschaffen zu helfen.

Am 17. September 1940, als sein Innenminister Serrano Suñer Hitler in Berlin besuchte, wurde die Verzögerung des Beginns der „Operation Seelöwe" schon bedrohlich. Suñer deutete an, daß Französisch-Marokko, ein Teil von Algerien und Französisch-Kamerun nicht mehr ausreichend seien. Eine Korrektur der Pyrenäengrenze zu Lasten Frankreichs sei auch notwendig.[8] Hitler bemühte sich, Franco noch einmal zu überreden, sich den Achsenmächten zu einem bescheidenen Preis anzuschließen, der die französischen Afrika-Kolonien nicht in die Arme de Gaulles treiben würde. Am 23. Oktober reiste er nach Hendaye, dem äußersten Punkt des von ihm eroberten Gebietes, um mit Franco zu verhandeln, aber ohne Erfolg. Bis zum Ende des Jahres war die „Operation Felix" abgeschrieben. Ungewöhnlich objektiv stellte der Führer fest: „Die Lösung der Interessen-Gegensätze zwischen Frankreich, Italien und Spanien in Afrika ist nur durch einen grandiosen Betrug möglich."[9]

Wäre es richtig, nun zu folgern, wie es einige Historiker getan haben, daß Hitler zu diesem Zeitpunkt alle seine Möglichkeiten buchstäblich erschöpft hatte, so daß die Invasion Rußlands tatsächlich der einzige Weg war, auf dem er den Krieg fortsetzen konnte? War er gezwungen, einen neuen Kriegsschauplatz im Osten zu schaffen, weil er im Westen nichts mehr tun konnte? Diese Fragen können zu diesem Zeitpunkt am besten mit einem Blick auf die deutsch-französischen Beziehungen beantwortet werden, die damals wie heute den Schlüssel für die Zusammenarbeit in Europa lieferten. Am Tag nach seiner ergebnislosen Begegnung mit Franco traf Hitler in Montoire Pétain und Laval. Nachdem er Pétain versichert hatte, daß der Ausgang des Krieges „militärisch schon entschieden sei", vertrat er die Ansicht: „Wenn der Krieg noch weiter fortgesetzt würde, wäre das nicht nur in erster Linie eine Belastung für Deutschland, sondern wäre weitgehend auch zum Nachteil für ganz Europa."[10] Die französischen Führer hatten auf solche Worte gehofft, glaubten sie doch, aus ihnen herauszuhören, daß eine ehrenhafte Zusammenarbeit zwischen Frankreich und

Deutschland möglich wäre und ein Friedensvertrag eher früher als später unterzeichnet werden könnte. Bevor de Gaulle im Herbst 1940 solide Hoffnungen auf eine Auferstehung Frankreichs „über dem Wasser“ bot und als Hitler noch Frieden mit Stalin hatte, war weder die extreme Rechte noch die extreme Linke auch nur im geringsten besorgt, daß Kollaboration mit Hitler Kollaboration gegen England bedeuten könnte. Frankreichs Todeskampf wurde durch die störrischen Engländer verlängert, weil sie sich weigerten, den Tatsachen ins Auge zu sehen und mit Frankreich den Preis zu teilen, den Hitler für einen verlorenen Krieg fordern würde.

Am 30. Oktober 1940 verkündete Pétain dem französischen Volk, daß er das Prinzip der Kollaboration mit Deutschland angenommen habe, dessen Modalitäten noch sondiert werden müßten.[11] Und dann passierte über sechs Monate nichts mehr — wodurch der Wiederaufbau Europas gehemmt, Laval gestürzt wurde und das simple Wort „Kollaboration“ den negativen Klang bekam, der ihm bis heute anhängt.[12] Kollaboration war der semantische Unfall von Montoire, so wie „Beschwichtigungspolitik“ der semantische Unfall von München war. Sachkundige diplomatische Beobachter glaubten, daß dies nicht hätte sein müssen. Hassell schrieb in sein Tagebuch: „Der Sturz Lavals hat alle Ansätze zu endgültiger Verständigung zerstört. Nach übereinstimmender französischer Ansicht hätte Laval Erfolg haben, d. h. Frankreich hinter sich bringen können, wenn er nicht mit leeren Händen gekommen wäre. Hätte man ihm einige hunderttausend Kriegsgefangene gegeben und einen allmählichen Abbau der Demarkationslinie garantiert (statt die Lothringer auszuweisen), so würde er als Retter begrüßt worden sein. Im breiten Publikum ist Laval ein erledigter (von Deutschland bezahlter) Mann.“[13] Selbst Mussolini, der zwar auf seinen Anteil an der Beute nicht verzichtete, empfahl Hitler auf dem Brenner, daß „die eine Vorbedingung für Frankreichs Teilnahme an einer kontinentalen Koalition (d. h. gegen England) der baldige Abschluß eines Friedensvertrages mit Frankreich“ sei.[14] Hitler antwortete, er brauche französische Basen für U-Boot-Operationen und Einsätze der Luftwaffe gegen England.

Das war, für sich genommen, die Wahrheit. Aber es wäre aufrichtiger gewesen, wenn Hitler gesagt hätte, daß er nicht die Absicht habe, zu einer Defensivstrategie überzugehen und den Wiederaufbau Europas zu erlauben, bevor er nicht seine Angelegenheiten mit Rußland geregelt habe. Dennoch, hätte er den Vorschlag des Duce angenommen, so wäre Englands Isolation verstärkt worden, weil eine amerikanische Intervention unwahrscheinlicher geworden wäre. England hätte wirklich Frieden schließen müssen. Nichts davon wurde je in Hitlers Überlegungen einbezogen. Er hatte überhaupt keinen Plan für den Wiederaufbau Europas, der ein gewisses Maß an Kooperation zwischen Deutschland und den ihm untergebenen Völkern und den Satellitenstaaten einschloß. „Die neue Ordnung" in Europa war nur ein Schlagwort, das die Wirklichkeit des Großdeutschen Reiches verschleierte, in dem den Befehlen der Herrenrasse fraglos zu gehorchen war. Das war die einzige Form von Kooperation, die Hitler begriff. Die Verzögerungen und Kompromisse, die Vertragsverhandlungen zwischen souveränen Staaten mit sich gebracht hätten, waren unvereinbar mit der Invasion Rußlands im Frühjahr 1941. Für diese große Aufgabe benötigte Hitler französisches Menschenpotential und die Produkte französischer Felder und Fabriken genauso wie die erbeutete französische Kriegsausrüstung, ohne die seine Ostoffensive nicht pünktlich hätte beginnen können. Ende Oktober 1940 stellte Laval fest: „Der Führer ist ein großer Mann, weil er verstanden hat, daß er Europa nicht ohne Frankreich schaffen kann."[15] Laval irrte: Die „neue Ordnung" war nichts anderes als die Ausbeutung der Eroberten, um neue Eroberungen zu machen.

Mitte April 1941 ergab sich eine neue Chance für eine französisch-deutsche Zusammenarbeit nach einer antienglischen Revolte im Irak und Rashid Alis Hilfeersuchen an Hitler. Als Admiral Darlan am 11. Mai 1941 zu Hitler kam, hatte der schon zugestimmt, daß auf einem Flugstützpunkt in

Syrien die Möglichkeiten geschaffen wurden, Rashid Alis Hilfeersuchen nachzukommen.[16] Das hätte zu den Plänen gepaßt, über Syrien gegen britische Positionen im Mittleren Osten vorzustoßen, Plänen, die das OKH und das OKW seit Oktober 1940 hegten. Aber Hitler entschied, daß das Unternehmen nur stattfinden könne, wenn Rußland zerschmettert sei.[17] Er gab Rashid Ali nur symbolische Unterstützung, und dessen Aufstand brach rasch zusammen. Mitte Juli war auch Syrien unter britischer Kontrolle. Hitler lehnte alle Vorschläge ab, England im östlichen Mittelmeer anzugreifen. Raeder unterstützte den Führer in diesem Punkt mit der Begründung, daß er seine Flanke sonst den Russen preisgebe, die darum zunächst besiegt werden müßten. Aber Stalin, weit davon entfernt, eine Gelegenheit zum Angriff zu suchen, wurde immer unterwürfiger, je weiter die Vorbereitungen für die „Operation Barbarossa" voranschritten. Hitlers Argumentation gibt uns nur ein weiteres Beispiel seiner Weigerung, Alternativen in Betracht zu ziehen, die ihn hätten zwingen können, seine antisowjetischen Pläne zu ändern.

Wir müssen jetzt ein anderes Beispiel für Hitlers zweideutiges Verhältnis zu Mussolini überdenken: Mussolinis „Parallelkrieg" gegen Griechenland, der zu einem verstärkten Engagement auf dem Balkan führte und damit das Mißtrauen der Russen schürte. Als Graf Ciano Hitler am 8. Juli 1940 traf, bemerkte er, daß „Italien sehr unzufrieden mit Griechenland sei". Es könnte notwendig werden, Korfu einzunehmen; er beschimpfte auch das jugoslawische Regime.[18] Hitler ging in seiner Antwort nicht auf Griechenland ein, das 1939 englische Garantien angenommen hatte und damit legitim als Feind angesehen werden konnte. Aber er warnte ausdrücklich vor einem Angriff auf Jugoslawien, der Rußland ermutigen könnte, in trüben Balkangewässern zu fischen und ein Grund für eine sowjetisch-britische Wiederannäherung wäre. Ende August fand das nächste Treffen zwischen Hitler und Graf Ciano statt. Es war von den Spannungen zwischen Rumänien und Ungarn überschattet, und Hitler bestand wieder darauf, daß ein Konflikt auf dem Balkan vermieden werden müsse.[19] Er hatte gute Gründe, diesen Standpunkt einzunehmen. Deutschland importierte über die Hälfte seines gesamten Getreide- und Viehbedarfs aus Südosteuropa,[20] außerdem einen Großteil der im Reich benötigten Metalle. Jugoslawien und Griechenland zusammen deckten 45 % des deutschen Aluminiumbedarfs. Aus Jugoslawien bezog Deutschland 90 % seines Zinn-, 40 % seines Blei- und 10 % seines Kupferbedarfs, außerdem erhebliche Mengen Antimon und Bauxit.[21] Daß Hitler einen solchen Warenhandel einer Eroberung vorzuziehen schien — zumindest bis zum Ende des Jahres 1940 —, widerspricht nicht der Argumentation am Ende des vorigen Kapitels in bezug auf seinen Handel mit der UdSSR. Jugoslawien wie auch Ungarn lebten im Einzugsbereich der deutschen ökonomischen Vorherrschaft, und es konnte zu Recht erwartet werden, daß sie dankbar die Rolle von Kunden übernehmen würden. Daß sie sich schließlich doch weigerten, diese Rolle zu übernehmen, machte Hitler wütend und führte zu seiner schrecklichen Rache an Belgrad. Das OKH war darauf vorbereitet. Im Herbst 1940 hatte es einen Eventualplan für eine Invasion Jugoslawiens vorbereitet.[22] Hitler aber fing zu jener Zeit an, sich auf die „Operation Barbarossa" zu konzentrieren. Er wünschte nicht, daß Rußlands traditionelles Interesse an den slawischen Völkern in Südosteuropa vorzeitig geweckt werde.

Zweifellos wußten die Deutschen von der Existenz italienischer Pläne, die sich gegen Griechenland richteten, und sei es nur, weil sie die italienischen Chiffren lesen konnten. Aber die Deutschen haben möglicherweise angenommen, daß diese Pläne gemacht wurden, um britische Aktionen zur Einlösung der Garantien von 1939 abzuwenden.[23] Tatsächlich hatte Graf Ciano Ribbentrop Mitte August versichert: „Wenn die Engländer anfangen, Marinebasen an der griechischen Küste zu besetzen... stehen uns alle militärischen Mittel zur Verfügung, die geeignet sind, eine derartige britische Aktion zu verhindern".[24] Beim Treffen auf dem

Brenner wurde die Gelegenheit verpaßt, diese Absichten zu erklären. Mussolini erwähnte Griechenland nicht, obwohl die Invasion 14 Tage später beginnen sollte. Hitler sagte nichts vom Bericht seiner Militärmission in Rumänien, geschweige denn von seinen Plänen für die „Operation Barbarossa“. Im Gegenteil, er versicherte dem Duce, daß „Rußland nichts unternehmen würde“.[25] Die Unterredung wandte sich dann der Frage zu, wie Spaniens Ansprüche auf französisches Gebiet mit Frankreichs Kollaboration gegen England in Einklang zu bringen wären. Diese Frage war auch der Grund für die bevorstehenden Reisen des Führers nach Montoire und Hendaye.

Soviel von den offiziellen deutschen Protokollen über das Brennertreffen. Aber kurz bevor die Invasion gegen Griechenland am 28. Oktober begann, äußerten Raeder und Jodl[26] die Vermutung, daß Hitler erfahren habe, was Mussolini vorhatte. Selbst wenn diese Vermutung falsch war, so hat doch die neuere Forschung ergeben, daß Hitler, als er am 20. Oktober Berlin verließ, Bescheid wußte und entschieden hatte, nicht zu intervenieren.[27] Während seiner Reise wurde er über die Entwicklungen auf dem laufenden gehalten, u. a. durch einen Bericht der Luftwaffe, in dem stand, daß die Invasion am 25. oder 26. Oktober beginnen würde. Ihr erstes Ziel sollten die ionischen Hauptinseln sein, danach folge Saloniki.[28] Dies wären in der Tat die lohnenden Angriffsziele gewesen, wenn es den Italienern, wie sie behauptet hatten, vornehmlich darum gegangen wäre, den Briten zuvorzukommen. Am 25. Oktober wußte Hitler sicher das genaue Datum. Er hätte also noch zwei Tage Zeit gehabt, an Mussolini zu appellieren, seine Meinung zu ändern. Aber Hitler intervenierte immer noch nicht, auch beschleunigte er seine Reise nach Florenz nicht. Tatsächlich blieb er unterwegs noch 24 Stunden in München und kam somit an dem Tag in Florenz an, an dem die Invasion begonnen hatte.[29] Als er mit dem Duce zusammentraf, machte er keinerlei Einwände, sondern bot seine Hilfe bei der Eroberung Kretas an, bevor die Engländer dort landen konnten. Mussolini überging dieses Angebot schweigend. Wenn man den Verlauf der Ereignisse kennt, muß man sich fragen, warum Hitler schon am 1. November seinem Stab erzählte, daß er die Aussichten des italienischen Vorgehens „in jeder Hinsicht negativ beurteile“ und daß er mit der ganzen Angelegenheit „so wenig einverstanden sei, daß er jede Neigung zu einem engen militärischen Zusammenarbeiten mit Italien verloren habe“.[30] Jodl schloß aus dieser Bemerkung, daß damit die Entsendung deutscher Panzereinheiten nach Libyen in Frage gestellt war. In dem Fall könnte ein Vorstoß von Bulgarien aus in die Ägäis als Ersatz dienen. Die Italiener gaben zu diesem Zeitpunkt noch nicht zu, daß einiges schiefgelaufen war. Sie machten klar, daß ihr unmittelbares Operationsziel in Epirus lag, was auf eine Erweiterung ihrer albanischen Provinz hinauslief, und daß es unsicher sei, ob sie Saloniki überhaupt angreifen wollten.[31] Damit war klar, daß es Mussolini vor allem darum ging, sein Reich auf griechische Kosten zu vergrößern, und nicht darum, einen Schlag gegen die Engländer auszuführen. Aber der Preis, den die beiden Achsenmächte für eine solche Großmannssucht hätten zahlen müssen, wäre hoch gewesen. Die Engländer, die am 29. Oktober begonnen hatten, auf Kreta zu landen, hätten Griechenland in Erfüllung ihrer Garantie auch in Saloniki unterstützt und von dort aus die rumänischen Ölquellen bedroht. Außerdem wurde deutlich, daß die Italiener, selbst für ihr begrenztes Vorhaben, viel zuwenig Truppen ins Feld geschickt hatten. Dieser Eindruck wurde bestätigt, als General von Thoma bei der Rückkehr von einem Besuch in Libyen am 4. November 1940 einen deprimierenden Bericht über die militärische Unfähigkeit der italienischen Armee gab.[32] Das OKH wurde angewiesen, nach Möglichkeiten für eine Eroberung der griechischen Provinzen Thrakien und Makedonien zu suchen, falls Italien und Bulgarien zustimmten.

Gewöhnlich erkannte Hitler Parallelen zum Ersten Weltkrieg, und seine Unterhaltungen aus dieser Zeit zeugen davon, daß er die Gefahr eines feindlichen Expeditionskorps in Saloniki wohl erkannt hat. Ganz abgesehen von der

Bedrohung für die Ölquellen von Plojescht, könnte eine solche Streitkraft in der Flanke seinen Vormarsch nach Rußland gefährden. Nur eine sofortige Unterwerfung Griechenlands oder ein spektakulärer Erfolg der italienischen Streitkräfte könnte diese Gefahr abwenden. Da sehr bald deutlich wurde, daß keine dieser Möglichkeiten Wirklichkeit werden würde, wollte Hitler seinen Militärs, bei denen sein Ruf als unfehlbarer Stratege auf dem Spiel stand, nicht zugeben, daß diese mißliche Situation durch sein Versagen entstanden war, weil er es versäumt hatte, Mussolinis Pläne zu erkunden und ihn auf ein Projekt festzulegen, das den gemeinsamen Kriegsanstrengungen dienlich war. Für Hitler war es besser, zu beteuern, daß er überrascht worden sei. Damit konnte er die Schuld seinem Mitdiktator und den Verbindungsoffizieren zuschieben, die es angeblich versäumt hatten, ihn auf dem laufenden zu halten. So schuf er eine Legende, die lange Zeit die Historiker täuschte, und zeigte damit, wie gefährlich es ist, alle seine Worte für bare Münze zu nehmen. Am Ende des verlorenen Kriegs hatte Hitler sich selbst vollständig überzeugt, daß alles Mussolinis Schuld war. So sagte er im Februar 1945: „Gegen unseren Willen wurden wir gezwungen, mit Waffengewalt in die Ereignisse auf dem Balkan einzugreifen, woraus sich die unheilvolle Verspätung des Aufmarsches gegen Rußland zwangsläufig ergab.“[33]

Die deutsche Strategie wurde in der Direktive Nr. 18 vom 12. November 1940 zusammengefaßt. Darin wurde der Zusammenarbeit mit Frankreich als nicht kriegführendem Land große Bedeutung eingeräumt, vor allem in bezug auf die französischen Afrika-Kolonien. Auch die Rolle der Spanier, die zögerten mitzuhelfen, den Westausgang des Mittelmeers zu schließen, wurde erwähnt. In der Direktive Nr. 18 wurde der Hoffnung Ausdruck gegeben, daß die Italiener in Nordafrika bald vorrückten. Dann müßten die Deutschen, „wenn nötig“, darauf vorbereitet sein, „von Bulgarien aus das griechische Festland nördlich des Ägäischen Meeres zu besetzen“. Schließlich beinhaltete die Direktive einen vorsichtigen Hinweis auf die „Operation Barbarossa" (der Deckname war noch nicht festgesetzt): „Alle Vorbereitungen für den Osten, für die mündliche Befehle bereits gegeben wurden, werden fortgeführt."[34] Nur die beiden letzten Projekte sollten vollendet werden.

Zum Ende des Jahres war Laval gestürzt, Franco war widerspenstig, Mussolinis Unternehmungen in Griechenland und Nordafrika waren gescheitert. Italien zählte nicht mehr als ein Verbündeter von Bedeutung, und die Schwierigkeit, es im Krieg zu halten, belastete die Wehrmacht immer stärker. Hitler hatte das schnell begriffen. Aber er ließ sich dadurch nicht, wie es leicht hätte geschehen können, dazu verleiten, seine Bemühungen auf die Szenerie im Mittelmeerraum zu konzentrieren. Wenn die Ereignisse überhaupt etwas bewirkt hatten, dann scheinen sie seine Entschlossenheit, einen neuen Kriegsschauplatz im Osten zu eröffnen, verstärkt zu haben. Der „parallel geführte Krieg" hatte außerdem zur Folge, daß sich die Spannungen zwischen dem Reich und der UdSSR, die seit Juli deutlich wurden, verschärften. Somit war mit einer Bindung der UdSSR an den Dreimächtepakt, mit dem wir uns im nächsten Kapitel befassen werden, kaum mehr zu rechnen. Mitte September hatten Berichte Berlin erreicht, wonach Marschall Antonescu, der neue Diktator von Rumänien, sich von der UdSSR bedroht fühlte.[35] Seine Sorgen mögen übertrieben gewesen sein, aber im November 1940 berichtete die deutsche Militärmission in Rumänien selbst von sowjetischen Truppenkonzentrationen in Bessarabien und der Nord-Bukowina.[36] Es war unvermeidlich, daß Hitlers Sorge um Saloniki sein Interesse für Bulgarien und sogar für Jugoslawien vergrößert hatte, konnte eine Konzentration der Wehrmacht in Bulgarien doch am besten durch den Durchmarsch durch Jugoslawien erreicht werden. Beide Länder waren zunehmend dem konkurrierenden Werben Hitlers und Stalins ausgesetzt. Der lachende Dritte war die Türkei, deren Chancen, neutral zu bleiben, in dem Maße wuchsen, wie die deutsch-russischen Beziehungen sich verschlechterten.

Nach dem Krieg schrieb Jodl über diese Zeit: „Das Gespenst massiver Truppenkonzentration an Deutschlands und Rumäniens Ostgrenzen hatte konkrete Formen angenommen, und Hitler erwägte, einen Präventivkrieg zu führen. Durch die Nürnberger Prozesse hat die Welt erfahren, daß es viele Stimmen gab, die vor diesem Marsch warnten. Alle stimmten überein, daß er bestimmt ursprünglich Hitlers Idee war,... die Gefahr aus dem Osten wurde von allen Soldaten erkannt, und Hitlers Sorge wurde geteilt, von einigen mehr, von anderen weniger. Die Ansichten waren unterschiedlich, ob die Gefahr wirklich so akut war und ob man ihr nicht mit politischen Mitteln hätte beikommen können...."[37] Der eine Versuch, eine politische Lösung zu finden, war Ribbentrops Brief an Stalin vom 13. Oktober 1940 und der darauffolgende Berlinbesuch Molotows im nächsten Monat. Dieser diplomatische Schritt war den Bemühungen gewisser Berater Hitlers — aus zivilen wie aus militärischen Kreisen — zu verdanken, die einen Krieg mit der UdSSR verhüten und die Russen für eine gemeinsame Anstrengung zum Sieg über England gewinnen wollten. Die englischen Besitzungen und Einflußzonen sollten unter den Siegern aufgeteilt werden. Es gab auch noch einen Versuch, Japan dazu zu benutzen, die USA in Schach zu halten, solange diese Neuverteilung der Weltmacht stattfand. Damit war das Ende der rein europäischen Phase des Krieges gekommen. Im nächsten Kapitel werden wir über diese Entwicklung sprechen.

7. Der Kontinentalblock — Der Dreimächtepakt

Da die Nazis sich vor allem durch Völkermord an Slawen und Juden hervortaten, kann man leicht übersehen, daß sich ihre Ideologie gegen alle nichtarischen Völker richtete, nicht zuletzt gegen jene, die schon im Zweiten Reich unter dem Stichwort „gelbe Gefahr" zusammengefaßt worden waren. Es handelte sich dabei allerdings um eine Gefahr, die räumlich weiter entfernt war als die „Slawengefahr", und so erklärt es sich, daß Hitler in „Mein Kampf" schreibt, er habe zu der Zeit des russisch-japanischen Krieges von 1904 auf der Seite der Japaner gestanden.[1] An einer anderen Stelle des Buches schreibt er abschätzig über die japanische Kultur und kritisiert England: „... So greift man begierig nach der gelben Faust und klammert sich an einen Bund, der, rassisch gedacht, vielleicht unverantwortlich ist."[2] Dennoch faßt diese kritische Aussage treffend den Kurs zusammen, den Hitler selbst verfolgte, nachdem er an die Macht gekommen war. So wie die Entfremdung von der UdSSR und der Pakt mit Polen von 1934 eine Umkehrung der Weimarer Europa-Politik bedeuteten, führte die Freundschaft mit Japan schließlich zu einer Beendigung der „besonderen Beziehungen" zu China, die unter der Republik von der Reichswehr und dem Außenministerium gepflegt worden waren.

Die Herzen der Nazis erwärmten sich für die Japaner, als beide Länder den Völkerbund verlassen hatten. Rosenberg, der in der Vergangenheit einige harte Worte über die „gelbe

Gefahr“ gesprochen hatte, beschrieb den japanischen Staat 1935 als bewundernswert wegen „seiner religiösen Einigkeit, seiner Staatsdisziplin und der Art der nationalen Aufopferung“.[3] Im gleichen Jahr verurteilte der VII. Weltkongreß der Kommunistischen Internationale (Komintern), der in Moskau tagte, „das Kriegsgeschrei der deutschen Faschisten und japanischen Militaristen“.[4] Ribbentrop holte zum Gegenschlag aus, denn er suchte nach einer Gelegenheit für sein Amt, sich auf dem Gebiet der Außenpolitik zu profilieren. Er trat an den Generalmajor Hiroshi Oshima heran, der als deutschfreundlich bekannt und Militärattaché in Berlin geworden war. Aus diesen Anfängen entstand im November 1936 der Anti-Komintern-Pakt. Angeblich richtete sich dieser Pakt nicht gegen die UdSSR, sondern gegen die Komintern. Er nahm so die wiederholten Beteuerungen der sowjetischen Regierung beim Wort, die ständig behauptete, nicht mit der internationalen Organisation identisch zu sein. Dennoch war der Pakt eine deutliche Warnung an die Adresse der UdSSR, die sich im Westen mit Frankreich und der Tschechoslowakei verbündet und im Osten ihre Absicht erklärt hatte, die Äußere Mongolei gegen alle japanischen Übergriffe zu schützen. Der Pakt hatte auch noch ein Geheimprotokoll, über das die Russen allerdings von ihrem deutschen Agenten Richard Sorge[5] unterrichtet waren. Dieses Geheimprotokoll verbot den Parteien, einen politischen Vertrag mit der UdSSR zu schließen ohne die Zustimmung der Partner. Es war das Schicksal dieses Protokolls, nicht beachtet zu werden. 1937, am ersten Jahrestag der Unterzeichnung des Paktes, schloß Italien sich dem Bündnis an.

Der japanische Angriff auf China zwang die deutsche Wehrmacht 1937 — sehr zu ihrem Bedauern —, keine Militärberater für die chinesische Armee mehr zu bestellen und damit eine alte Tradition zu beenden. Es gab aber einen pensionierten General in Bayern, Karl Haushofer, der die Aussicht auf engere Beziehungen zu Japan begrüßte. Haushofer war vor dem Ersten Weltkrieg militärischer Beobachter in Japan gewesen und seitdem ausgesprochen japanophil.

Nach dem Krieg hatte er damit begonnen, an der Münchener Universität Vorlesungen über die neue militärische Wissenschaft Geopolitik zu halten. Unter seinen Studenten war Rudolf Heß. Einige Historiker glauben, daß er über diese Verbindung Einfluß auf Hitler und die NSDAP ausübte. Es ist sicher, daß Haushofer im Juni 1924 auf einer Versammlung, die von den Nazis und anderen nationalistischen Organisationen veranstaltet worden war, einen Vortrag über Geopolitik gehalten hat. Aber zu jener Zeit war Hitler im Gefängnis.[6] Haushofer teilte mit den Nazis den Glauben an den Sozial-Darwinismus, der ihn dazu brachte, die Weltmächte in zwei Hauptgruppen aufzuteilen: diejenigen, die sich an die Macht klammerten, nachdem ihre Zeit vorüber war (Mächte der Beharrung), und diejenigen, die dazu bestimmt waren, die Macht der ersteren zu übernehmen (Mächte der Erneuerung). Zur ersten Gruppe gehörten die Engländer, und Haushofer schrieb vom „erlahmenden britischen Willen zum Empire".[7] Die USA, die England stützten, gehörten in die gleiche Rubrik. In der zweiten Gruppe waren neben Deutschland auch Rußland und Japan. Sie hatten legitime Forderungen „an die Eigentümer großer Flächen, die nicht fähig waren, diese zu entwickeln".[8] Ein großer Kontinentalblock dieser drei Länder, die interne Kommunikationswege benutzen konnten, könnte gegen die französische und angelsächsische Seemacht bestehen. Japans Engagement in der Mandschurei nach 1931 war in die falsche Richtung gegangen. Es wäre besser gewesen, wenn Japan sich nach Süden gewandt und seine Mitasiaten von der Kolonialherrschaft befreit hätte. Aber es bestand immer noch Hoffnung, daß unter deutschem Einfluß die Weisheit obsiegen würde.

Diese geopolitischen Theorien hatten offensichtlich mit der nationalsozialistischen Politik große Verwandtschaft, einschließlich des Konzepts vom „Lebensraum", das ohnedies keine Neuerfindung war. Schon um die Jahrhundertwende war der Pangermanische Bund dafür eingetreten.[9] Aber Haushofers geopolitische Theorien hatten nichts mit der

Rassenpolitik gemeinsam, die für den Nationalsozialismus charakteristisch war. Darum ist es unwahrscheinlich, daß Haushofer auf Adolf Hitler Einfluß ausübte. Auf jeden Fall war er 1938 schon in Ungnade gefallen, obwohl Heß ihn immer noch unterstützte. Es scheint jedoch glaubhaft zu sein, daß Ribbentrop, der arm an politischer Originalität war, Haushofer die Idee vom Kontinentalblock verdankte. In der zweiten Hälfte des Jahres 1940 empfahl er sie Hitler als eine Möglichkeit, den Pakt mit Moskau zu retten, den der Außenminister als seine große Errungenschaft ansah, und das Hauptaugenmerk wieder auf England zu richten. Als Ribbentrop vor seiner Berufung nach England sein Amt einrichtete, hatte er Kontakt zu Haushofers geopolitischem Institut gehabt, und Haushofers Sohn Albrecht hat einmal für das Amt gearbeitet.

Im März 1934 wurde Oberst Eugen Ott, der später Botschafter in Tokio wurde, von Hitler empfangen, bevor er sein Amt als Militärattaché in Japan antrat. Bei dieser Gelegenheit gab Ott seiner Überzeugung Ausdruck, daß „die Entfernungen in Rußland zu groß seien, als daß ein Krieg im Fernen Osten sich auf die Lage in Europa auswirken könnte".[10] Der Führer widersprach. Aber sieben Jahre danach handelte er — mit sehr ernsten Folgen — so, als habe er sich zu Otts Ansicht bekehrt. Die japanisch-deutsche Freundschaft war sicher aus der gemeinsamen Feindschaft gegen die UdSSR geboren. Aber nach 1938, als Ribbentrop Außenminister geworden war und Hitlers wachsender Erbitterung über die britische Politik seine Anglophobie hinzugefügt hatte, machte sich in Berlin das Gefühl breit, daß die Japaner den Engländern, deren Interesse an Osteuropa sich als so störend erwies, neue Strapazen aufbürden könnten, wenn sie ihre Kräfte nach Süden richteten. Oshima, der im Oktober 1935 als Botschafter nach Berlin zurückgekehrt war, schlug Ribbentrop vor, den Anti-Komintern-Pakt in ein offenes Bündnis gegen die UdSSR umzuwandeln.[11] Die Verhandlungen zogen sich allerdings hin, und im Sommer 1939, als an der mandschurisch-mongolischen Grenze ein nicht erklärter

Krieg zwischen der UdSSR und Japan ausbrach, handelten die Deutschen in Moskau heimlich einen Vertrag aus. Die Japaner, die im Juli und August schwere militärische Rückschläge durch die Russen erlitten, ereilte das Schicksal all derer, die dem Führer ihr Vertrauen geschenkt hatten.

Der Vertrag, den Ribbentrop im August 1939 in Moskau unterzeichnete, war ein schwerer Schlag für Japan, denn der Artikel 4 untersagte jeder Partei, sich mit „irgendeiner Gruppe von Mächten, die direkt oder indirekt gegen die andere Partei gerichtet ist", zu verbinden. In der Mitte des darauffolgenden Monats kamen die Japaner mit den Russen überein, die Kampfhandlungen zu beenden, und im Oktober 1939 wurde der unglückliche Oshima aus Berlin abberufen. Tokio erklärte, es werde sich in den europäischen Krieg nicht einmischen. Für Ribbentrop war die Situation äußerst unangenehm. Es ist anzunehmen, daß er deshalb Ende September 1939 Stalin vorschlug, Japan einzuladen, in der neuen nationalsozialistisch-kommunistischen Partnerschaft mitzuarbeiten. Stalin stimmte zu, daß eine Zusammenarbeit mit Japan den Vorteil habe, „die satten Nationen England, Frankreich und die Vereinigten Staaten" zu zügeln, aber der Vorschlag wurde zu der Zeit nicht weiter verfolgt.[12] Ein Jahr später erst sollte er eine wichtige Rolle spielen, als Heinrich Stahmer, ein ehemaliges Mitglied des Ribbentropschen Büros, als Sonderbotschafter nach Tokio geschickt wurde. Er hatte Order, zusammen mit Ott über eine Art Wiederbelebung des erloschenen Anti-Komintern-Paktes zu verhandeln. Durch Hitlers Sieg über Frankreich und die Niederlande, deren Kolonien die Begierde der Japaner weckten, war eine neue Lage entstanden. Aber auch die veränderten Beziehungen zu der UdSSR, der anhaltende Widerstand der Briten und die wachsende Unterstützung, die die USA England gewährten, hatten dazu beigetragen. Italien sollte in dem neuen Bündnis, wie in dem früheren, Mitglied sein.

Die in Berlin vorherrschende Unsicherheit über die zukünftige Strategie führte dazu, daß Ribbentrops Verhandlungen über den Dreimächtepakt, wie er nach seiner Unterzeichnung am 27. September 1940 in Berlin genannt wurde, zwiespältiger als gewöhnlich waren. Acht Tage zuvor hatte Ribbentrop dem Grafen Ciano in Rom erzählt, der Pakt sei gegen Rußland und gegen die USA gerichtet.[13] In Tokio dagegen boten Stahmer und Ott den Japanern ein Geheimprotokoll an, in dem sich das Reich verpflichtete, für eine Verbesserung der russisch-japanischen Beziehungen und eine künftige Kooperation mit Rußland im Rahmen des Paktes zu sorgen.[14] Kaum hatten sie das Geheimprotokoll vorgelegt, erhielten sie Anweisung, das Angebot zurückzuziehen. Tatsächlich wäre es dem japanischen Außenminister Yosuka Matsuoka sehr willkommen gewesen. Matsuoka hatte im Juli 1940 sein Amt angetreten als überzeugter Verfechter einer Zusammenarbeit mit Deutschland. Aber er wünschte auch eine endgültige Verständigung mit Rußland, damit Japan die Hände frei hätte, um die guten Aussichten, die sich ihm in Südostasien eröffneten, voll zu nutzen.

Zwei Tage bevor der Pakt unterzeichnet wurde, informierte von der Schulenburg Molotow, der sich beschwerte, weil er auf Grund des Vertrages von 1939 hätte konsultiert werden müssen. Die Kommentare der „Prawda“ über den Dreimächtepakt waren ausgesprochen reserviert. Das kann die Unterzeichnerstaaten kaum überrascht haben. Zwar bestätigt Artikel 5 des Paktes, daß er „in keiner Weise den politischen Status, der gegenwärtig zwischen jeder der drei Mächte und der Sowjetunion besteht, beeinträchtigt“, aber das konnte den Eindruck, den die Russen durch den Artikel 3 gewonnen hatten, nicht völlig austilgen. In Artikel 3 verpflichteten sich die drei Mächte, sich „gegenseitig mit allen politischen und wirtschaftlichen, wie auch militärischen Mitteln beizustehen, wenn eine der drei von einer Macht angegriffen wird, die zur Zeit nicht in den europäischen Krieg oder in den japanisch-chinesischen Konflikt verwickelt ist“. Es könnte natürlich zu Recht erklärt werden, daß dieser Artikel auf die USA bezogen war. Doch die Tatsache blieb bestehen, daß das Deutsche Reich und Japan jetzt leichter Druck auf die UdSSR ausüben konnten, falls sich die

Notwendigkeit ergeben sollte. Dieser Eindruck wurde durch den Artikel 4 verstärkt, in dem von der Errichtung „gemeinsamer technischer Kommissionen“ die Rede war, eine Wendung, die die ursprüngliche deutsche Vorliebe für „Generalstabsgespräche“ ersetzte.[15]

Die Substanz des Dreierpaktes aber war in den Artikeln 1 und 2 enthalten, wonach Japan „die Führung Deutschlands und Italiens bei der Errichtung einer neuen Ordnung in Europa anerkennt und respektiert“ und in bezug auf „Groß-Asien“ galt das gleiche für Deutschland und Italien. Aber die UdSSR war eine Großmacht in Europa und Asien. Welchen Anteil sollte sie an der Leitung der beiden Kontinente haben, und welchen Grund gab es, anzunehmen, daß ihr Konzept von einer wünschenswerten „neuen Ordnung“ in irgendeiner Weise etwas mit dem der drei Signatarmächte zu tun hatte? Stalin hatte guten Grund, mißtrauisch zu sein, als er Mitte Oktober einen Brief von Ribbentrop erhielt, in dem er gebeten wurde, Molotow nach Berlin zu schicken, um die Möglichkeiten einer zukünftigen Zusammenarbeit und einer Verbesserung der russisch-japanischen Beziehungen zu besprechen, die es den vier betroffenen Mächten ermöglichen sollten, gemeinsam für ihrer aller Vorteil zu handeln.[16] Trotzdem reagierte Stalin prompt und positiv. Er wurde zweifellos dadurch dazu ermutigt, daß Matsuoka ihm den Abschluß eines japanisch-sowjetischen Nichtangriffspaktes angeboten hatte. Matsuoka agierte zu diesem Zeitpunkt ziemlich direkt. Er bat Ribbentrop, bei Molotow anläßlich seines Besuchs in Berlin zu vermitteln.[17] Die Tatsache, daß Hitler dies erlaubte, läßt verschiedene Erklärungen zu. Eine ist, daß er noch nicht endgültig entschieden hatte, Rußland anzugreifen, und sich aufrichtig um sowjetische Kooperation im Krieg gegen England bemühte sowie um japanische Kooperation bei dem Versuch, die USA von einer Intervention abzuhalten. Tatsächlich wollte er später gerne diesen Eindruck vermitteln, als sein großes Glücksspiel verloren und Deutschland in einen Kampf auf Leben und Tod verstrickt war, den er letztendlich nicht gewinnen konnte.

Eine andere Erklärung ist die: Zwar wollte er, daß Japan die USA ablenkte, aber er war so sicher, daß er die UdSSR besiegen würde, daß er keine Notwendigkeit sah, Japan in diese Schlacht zu verwickeln. Außerdem war er nicht bereit, auch nur den geringsten Preis für Japans Hilfe in diesem Kampf zu zahlen.

Wir werden diese beiden alternativen Erklärungen untersuchen und dabei auf die deutsche Verhandlungsführung in Moskau eingehen. Vorher sollten wir aber noch ein anderes Motiv bedenken, das Hitler gehabt haben muß, als er wünschte, daß diese Verhandlungen stattfinden. Wir haben mehr als einmal hervorgehoben, daß Hitler, wie selbstherrlich sein Verhalten auch geworden sein mag, immer noch die aktive Mitarbeit der zivilen und militärischen Führer und Experten brauchte, um seine Pläne erfolgreich durchzuführen, und daß er sich daran gewöhnt hatte, diese Pläne so zu verpacken, daß sie auch denen zusagten, denen die ungeschminkte ideologische Wirklichkeit seiner eigenen Gedanken unsympathisch war. Darum rechtfertigte er in seiner Umgebung im Mai 1942, nachdem die „Blitzkriegtaktik" gegen Rußland versagt hatte, seine Entscheidung zum Angriff so: Die unerwartete Stärke der Sowjets habe bewiesen, daß Stalin einmarschieren wollte und Europa in seine Gewalt gebracht hätte, wenn man ihm nicht zuvorgekommen wäre. „Wenn er — Hitler — auf seine schlechtinformierten Generale gehört und gewartet hätte und die Russen uns, diesen Planungen entsprechend, zuvorgekommen wären, hätte es auf dem wohlausgebauten mitteleuropäischen Straßensystem für ihre Panzer kaum mehr ein Halten gegeben."[18] Das war eine Lüge, die darauf abzielte, seine Hörer zu überzeugen, daß seine Entscheidung, die Deutschland ruiniert hatte, der Rettung Europas dienen sollte. Ob Hitler selbst sich schon im Herbst des Jahres 1940 entschieden hatte oder nicht, ist gleichgültig. Er konnte jedenfalls nicht die Erwartungen derjenigen übergehen, die an die Möglichkeit einer Übereinkunft mit Stalin glaubten. Wenn der Führer diese Kleingläubigen überzeugen wollte, mußte er verhandeln oder zumindest die entsprechenden Schritte dahin tun.

Wir haben bereits gesehen, daß das OKH Ende Juli gegen den Plan einer Invasion Rußlands war. Selbst der unterwürfige Keitel gab sich Ende August 1940 gegenüber Ribbentrop besorgt, obwohl er niemals des Führers Zorn herausgefordert hätte. Als Hitler später auf Ribbentrop zuging und empfahl, Stalin Zugeständnisse zu machen, den Dreimächtepakt zu erweitern und so „die USA zu neutralisieren, England zu isolieren und seine Position im Nahen Osten zu bedrohen", war Hitler bereit, seinem schmeichlerischen Außenminister seine wahren Gedanken sehr viel genauer zu enthüllen, als er das in Gesprächen mit seinen Generalen getan hatte. Er „verdächtigte Stalin, unter jüdischem Einfluß zu stehen". Als der Krieg dann vorüber war, konnte Ribbentrop — freilich zu spät — den einzig angemessenen Kommentar aufzeichnen, daß nämlich „ideologische Gründe . . . die Durchführung von Außenpolitik immer unmöglicher machten".[19] Der einzige beharrliche Gegner der „Operation Barbarossa" war Raeder, der bis Ende September 1940 über Hitlers Vorhaben nicht informiert wurde. Bei dieser Gelegenheit trat der Admiral dafür ein, Stalins Aufmerksamkeit auf den Iran und Indien zu lenken.[20] Mitte November setzte er sich noch einmal bei Hitler dafür ein, die Invasion zu verschieben, bis England besiegt sei. Auch das OKH glaubte, in Erwartung des Molotow-Besuches, daß der Führer seine Hoffnung teile, daß es doch möglich sein werde, „Rußland in die Front gegen England einbauen zu können".[21]

Tatsächlich gaben Hitlers Gespräche in jener Zeit Anlaß, so zu denken. Als er Ende Oktober 1940 Mussolini in Florenz traf, erzählte er ihm von Molotows Besuch und der Möglichkeit, „eine Weltfront gegen England, die sich von Japan über Rußland nach Europa erstreckt", zu errichten. Es müßte den Russen allerdings klargemacht werden, „daß es für sie wenig sinnvoll wäre, sich um eine Ausdehnung in Regionen zu bemühen, in denen sie mit den Interessen Deutschlands und Italiens kollidierten und nur einen Zugang zu Binnenmeeren gewännen". In diesem Zusammenhang wird klar, daß Hitler nicht bereit war, eine sowjetische Expansion in den baltischen oder Mittelmeerraum zu tolerieren. Auf beide Gebiete starrten die kommunistischen Russen, genauso wie die zaristischen es getan hatten. Hitler betonte gegenüber dem Duce auch, daß er eine Mitgliedschaft der UdSSR im Dreimächtepakt nicht vorsehe. Statt dessen werde „eine spezielle Vereinbarung zwischen Rußland und den Partnern des Paktes gefunden werden".[22]

Diese Differenzierung wurde in dem Vertragsentwurf festgehalten, den Ribbentrop vorbereitet und Graf Ciano gezeigt hat und den er später Molotow in Berlin überreichte. Danach schlossen die drei Mächte als eine Partei mit der UdSSR als der anderen Partei einen Vertrag zur „politischen Kooperation" auf der Grundlage des von den drei Mächten eingeschlagenen Kurses.[23] Es gab keine klare Definition dieses Kurses. Wenn Stalin sich aber darauf festlegte, wäre er von den Angelsachsen abgeschnitten, die das einzige Gegengewicht zu den faschistischen Mächten darstellten. Er sollte kein Gründungsmitglied des Paktes werden. Ihm sollte die Beteiligung an einem internationalen Verbrechersyndikat angeboten werden, dessen Aktionsziele außerhalb seiner Kontrolle liegen sollten.

Rumänien und Ungarn, deren Beziehungen zu den Sowjets ausgesprochen schlecht waren, hatten schon den Wunsch geäußert, dem Pakt beizutreten. Selbst der Marionettenstaat Slowakei war als Mitglied anvisiert worden. Es ist schwer einzusehen, wie Hitler und Ribbentrop ernsthaft geglaubt haben können, daß Stalin einen Status akzeptieren würde, der dem dieser deutschen Satellitenstaaten entsprach. Während seiner ersten Unterredung mit Molotow erwähnte Hitler einen möglichen sowjetischen Beitritt zum Pakt deshalb auch gar nicht. Es blieb Molotow überlassen, dieses Thema auf den Tisch zu bringen. Am Ende des Gesprächs — es wurde durch einen Fliegeralarm vorzeitig beendet — versicherte er Hitler, daß „eine Beteiligung Rußlands am

Pakt ihm grundsätzlich als durchaus annehmbar erscheine, unter der Voraussetzung, daß Rußland als Partner mitarbeiten könne und nicht nur Gegenstand desselben sei".[24]

Schon in der ersten Unterredung hatte Molotow die Frage Finnland aufgeworfen, das den in Norwegen stationierten deutschen Truppen Transitrechte eingeräumt hatte. Gleichzeitig wies er mit Nachdruck auf die sowjetischen Interessen auf dem Balkan und im Schwarzmeerraum hin. Sowjetische Quellen behaupten, daß Stalin Molotow vor dessen zweiter Unterredung mit Hitler am 13. November Order gab, einen härteren Kurs zu vertreten.[25] Hilger, der russisch sprechende deutsche Botschaftsrat in Moskau, der als Dolmetscher fungierte, bemerkte einen Gegensatz zwischen Molotows Verhalten bei der ersten Zusammenkunft und seiner „Steifheit und Kompromißlosigkeit" bei der zweiten Begegnung.[26] Diese wurde mit einem Austausch gegenseitiger Beschuldigungen bezüglich der Erfüllung des Vertrages von 1939 eröffnet, die in Molotows beharrlicher Frage nach den Gründen für die verstärkten deutschen Verbindungen mit Finnland und Rumänien gipfelten. Er war nicht bereit, Hitlers Beteuerungen zu akzeptieren, diese Verbindungen hingen ausschließlich mit deutschen Wirtschaftsinteressen zusammen. Als nächstes lenkte Molotow das Gespräch auf die sowjetischen Sorgen am Bosporus. Er fragte, wie die Deutschen dazu stünden, wenn die UdSSR Bulgarien eine ähnliche territoriale Garantie anböte, wie das Reich sie Rumänien gewährt habe. Hitler hatte zuvor die Möglichkeit angedeutet, daß es notwendig werden könnte, gegen Griechenland vorzugehen, um die Engländer daran zu hindern, das Flugfeld von Saloniki zu benutzen. Jetzt fragte er scharf, ob die Bulgaren eine solche sowjetische Garantie erbeten hätten. Zu einem wesentlichen Gespräch über ein mögliches russisches Interesse am Iran und an Indien kam es nicht, obwohl Hitler eine seiner großartigen Anspielungen auf eine Weltkoalition machte, in die die UdSSR eingeschlossen sei, die „eine Interessengemeinschaft vertrete, die sich von Nordafrika bis Ostasien erstrecke".[27] Molotow schloß die

Unterredung, indem er sich bei den Deutschen für die Rolle bedankte, die sie bei der Verbesserung der russisch-japanischen Beziehungen gespielt hatten. Das Treffen war, wie immer man es auch betrachtet, erfolg- und ergebnislos. Seit Hindenburg ihn im August 1932 ohne Amtssiegel hinausgeworfen hatte, hatte niemand mehr so schonungslos mit dem Führer gesprochen. Wahrscheinlich merkte Molotow, der es gewöhnt war, direkt zu sein, nicht, wie sehr Hitler nach langen Monaten der vergeblichen diplomatischen Gespräche ihm seine Kompromißlosigkeit übelnahm. Es ist allerdings zu vermuten, daß Molotow Berlin in dem Glauben verließ, daß die Verhandlungen erst begonnen hätten und daß die nächste Phase durch einen weiteren Besuch Ribbentrops in Moskau gekennzeichnet würde. Nach Moskau zurückgekehrt, verfaßte Molotow eine Note mit den sowjetischen Maximalforderungen, die von der Schulenburg am 25. November 1940 übergeben wurde. In der Zwischenzeit hatte Hitler den ungarischen Ministerpräsidenten, Graf Teleki, empfangen, und Ungarns Beitritt zum Pakt war beschlossen worden. Der rumänische Beitritt folgte am 23. November 1940. Der Zeitplan für diese Schritte war eine Beleidigung für die Russen, die sich noch nicht entschieden hatten, und am 21. November 1940 wurde in Moskau ein TASS-Kommuniqué veröffentlicht, das deutsche Zeitungsmeldungen dementierte, denen zufolge die sowjetische Regierung einem Beitritt Ungarns zum Pakt zugestimmt habe.[28]

Zeitgenössische sowjetische Schriftsteller tun sich schwer mit Molotows Berlinbesuch. Einer von ihnen geht sogar so weit, zu behaupten: „. . . die wiederholten Vorschläge Hitlers und Ribbentrops zu einer ‚Aufteilung der Welt‘ (stießen) auf die strikte sowjetische Weigerung, darüber auch nur zu reden.“[29] Das ist allerdings von der Wahrheit ziemlich weit entfernt. Die sowjetische Note vom 25. November wiederholte, daß Molotow grundsätzlich bereit sei, dem Pakt beizutreten, obwohl bezeichnenderweise von dem „Viermächtepakt“ die Rede war. Aber die Bedingungen für einen Beitritt waren verschärft worden. Ribbentrops Vertragsentwurf sollte durch ein vertrauliches Protokoll ergänzt werden, in dem die „Brennpunkte der territorialen Bestrebungen" der Unterzeichner besonders aufgeführt werden sollten. Es wurde vorgeschlagen, daß die russischen „südlich des Gebietes der Sowjetunion in Richtung auf den Indischen Ozean" liegen sollten. Hitlers Äußerung war für bare Münze genommen worden: Deutschland verlange nichts weiter als eine Rohstoffquelle in Zentralafrika. Die sowjetische Note sah nicht weniger als fünf vertrauliche Protokolle vor. Eines davon entsprach ungefähr Ribbentrops ursprünglichem Vorschlag für Rußlands „Brennpunkt", obwohl der Persische Golf bescheiden durch den Indischen Ozean ersetzt wurde. Zwei Protokolle hätten der Türkei und einem gepachteten Stützpunkt in Bulgarien gegolten. Die beiden letzten hätten den Verzicht Japans auf wirtschaftliche Konzessionen in Nord-Sachalin behandelt und den Rückzug der Deutschen aus Finnland mit der Garantie, daß Hitlers wirtschaftliche Interessen dort gewahrt bleiben sollten.[30] Diese Note wurde niemals beantwortet, obwohl die Russen verschiedentlich nachfragten. Es ist natürlich klar, daß Hitler solche Bedingungen nicht akzeptiert hätte, es sei denn unter Zwang. Im Verlauf der Geschichte wird genauso deutlich werden, daß Stalin niemals vorhatte, Hitler vor eine derartig starre Alternative zu stellen. Tatsächlich waren die Russen, je länger das deutsche Schweigen dauerte, zunehmend darum bemüht, einen Krieg zu vermeiden. Später erzählte Hitler seinen Generalen gerne, wie zum Beispiel Guderian,[31] daß Molotows Besuch ihm das Gefühl gegeben habe, daß ein Krieg unvermeidlich sei. Diese Schlußfolgerung wäre aber nur dann richtig gewesen, wenn Stalin mit der Mobilmachung begonnen hätte, als es ihm nicht gelang, eine Antwort auf die russische Note zu bekommen. Statt dessen machten die Deutschen ihre Streitkräfte im Osten heimlich mobil. Das ganze Verhandlungstheater war eine Täuschung gewesen. Die Engländer bedrohten keineswegs die Nickellieferungen aus Finnland. Die griechischen Verbündeten erlaubten ihnen nicht, das Flugfeld von Saloniki zu benutzen, von wo aus die rumänischen Ölfelder hätten bedroht werden können.[32] Hitler brauchte engere Bindungen an Finnland und Rumänien nicht, um sich gegen England zu verteidigen, sondern um Rußland anzugreifen. Als Antonescu ihn am 22. November (also vor Eintreffen der Molotow-Note) besuchte, war die Rede von „den dunklen Mächten des Bolschewismus und des Judaismus“. Hitler beteuerte, daß das Reich und Rumänien zusammenstehen müßten gegen die „slawische Welle“, und beschuldigte England, es wolle „ganz Europa dem Bolschewismus opfern“.[33] Es ist undenkbar, daß er eine solche Sprache gebraucht hätte, wenn er immer noch eine Zusammenarbeit mit der UdSSR erwogen hätte. Auch hätte er nicht Molotows Intelligenz durch die Behauptung beleidigt, das Hauptinteresse zukünftiger deutscher Bemühungen liege in Zentralafrika, wenn er einen wirklichen Gedankenaustausch mit ihm im Sinn gehabt hätte.

Die Unterhaltungen mit Molotow hatten allerdings zwei nützlichen Zielen gedient. Zunächst konnte Hitler jetzt überzeugender behaupten, daß die einzige Sprache, die die Russen verstünden, die der Gewalt sei. Zum zweiten waren sie ihm in die Falle gegangen und hatten ihre Karten aufgedeckt. Ein angesehener Kenner der deutsch-sowjetischen Beziehungen folgert sogar: Wenn der Besuch, wie Hitler erwartete, vergeblich war, wäre er „den deutschen Interessen immer noch nützlich, da er Deutschland echte oder erdachte russische Forderungen an die Hand gab, die nützlich sein könnten, um widerstrebende Verbündete im bevorstehenden Kampf bei der Stange zu halten“.[34] Die Türken und Bulgaren würden sich noch mehr vor den russischen Absichten fürchten, und die Finnen und Rumänen wären eher bereit, an Hitlers aggressiven Plänen mitzuarbeiten. Anfang März 1941 trat Bulgarien dem Dreimächtepakt bei, der allmählich den Charakter einer antibolschewistischen Allianz annahm. Die Türken beschlossen, dem Sturm als Neutrale auszuweichen. Mitte Februar schlossen sie einen Nichtangriffspakt mit Bulgarien, hielten sich vor der Invasion Griechenlands zurück und unterzeichneten am Vorabend der „Operation Barbarossa" einen Freundschaftsvertrag mit dem Reich, der dazu diente, das Schwarze Meer lästigen Kriegshändeln verschlossen zu halten.

Ein weiterer Hinweis auf Hitlers tatsächliche Haltung zu den Verhandlungen mit Molotow muß hier erwähnt werden. Wir erinnern uns, daß Marcks Ende Juli 1940 den Befehl bekam, die „Operation Barbarossa" vorzubereiten. Nachdem er seinen Entwurf Anfang August weitergeleitet hatte, bekam General Paulus, der neue Oberquartiermeister I oder stellvertretende Stabschef, am 6. September 1940 den Befehl, für die Kräfteverteilung und den deutschen Aufmarsch im Osten Pläne auszuarbeiten.[35] Im nächsten Kapitel werden wir näher darauf eingehen. Hier geht es uns nur darum, daß Paulus' erster Bericht für Halder mit 29. Oktober datiert war.[36] Bis zum 13. November, während Molotow noch in Berlin zu Besuch war, hatte Paulus die dazugehörigen Karten vollendet.[37] Diese Dokumentation war das Hauptthema der wichtigen Unterredung zwischen Hitler und seinen Generalen am 4. Dezember 1940. Warum hatte vor Molotows Besuch keine Vorbesprechung stattgefunden, so daß der Feldherr auf Grund der fertigen Pläne beurteilen konnte, wo die Chancen für einen schnellen und dauerhaften Erfolg lagen, nachdem fast 14 Wochen zuvor das große Projekt der Invasion angeschnitten worden war?

In der Zwischenzeit hatten mehrere Ereignisse die „Operation Barbarossa" beeinträchtigt. Das wichtigste war die „Operation Marita" gegen Griechenland gewesen. Dafür war am 13. Dezember 1940 ein genauer Befehl ergangen. Aber daneben gab es noch die „Operation Felix" gegen Gibraltar. Am 27. November 1940 besprachen Halder und sein Operationschef General Heusinger die Auswirkungen, die diese Operationen auf die „Operation Barbarossa" haben würden. Sie kamen zu dem Schluß, daß man die weitreichenden Ziele, wie von Hitler ursprünglich festgelegt, nicht verfolgen könne und statt dessen möglicherweise auf einen Frontverlauf, der sich vom Dnjepr über Smolensk zum Baltikum erstrecken würde, beschränken müßte. „Von diesem aus könnte man zwar zu einer Klammeroperation kommen, diese hat aber bei der unendlichen Weite der Räume keine Aussicht."[38] Diese Überlegungen waren gewichtig, und es nimmt wunder, daß die Generale sich nicht in der Lage sahen, Hitler auf sie aufmerksam zu machen, sobald er von seinen diplomatischen Ausflügen nach Berlin zurückgekehrt war. Aber die Hauptverantwortung lag weiter bei Hitler selbst. Ein Staatschef, der Alternativen gegenüber noch aufgeschlossen gewesen wäre, hätte sich informieren lassen müssen, zu welchen Konzessionen er bereit sein müßte oder, wenn allein die Waffen entscheiden konnten, wie seine Chancen standen, bevor er sich auf das gefährliche Gespräch mit Molotow einließ. Man kommt unmöglich an der Schlußfolgerung vorbei, daß Hitler den Krieg schon geplant hatte und, ohne die Pläne im Detail zu untersuchen, für sich selbst im voraus überzeugt war, daß seine Kriegsziele ohne weiteres erreicht werden könnten. Am 2. Dezember 1940 hielt Halder eine Bemerkung fest, die Hitlers Chefadjutant, der entsetzliche Schmundt, getan hatte und die Halder aus gutem Grund mit zwei Ausrufungszeichen versah: „Wir werden in drei Wochen in Petersburg sein!!"[39] Schmundt muß das Echo der Stimme seines Herrn gewesen sein. Das war mehr als ein Höhenflug der Phantasie. Es muß festgehalten werden, daß auch Hitler in seiner Unterredung mit Darlan am 12. Mai 1941 diesen Zeitraum von drei Wochen bestätigte.[40] Das könnte zwar als ein Beispiel für Hitlers großsprecherischen diplomatischen Stil abgetan werden, hätte die Umgebung des Führers solche Äußerungen nicht als „Excathedra"-Entscheidung angenommen. Sie zu bezweifeln war damals Verrat.

Während seines Besuches sprach Molotow mit Göring über die gegenseitigen Handelsbeziehungen. Göring wehrte Fragen über verspätete deutsche Lieferungen ab.[41] Am 10. April 1941 wurde ein neues Wirtschaftsabkommen unterzeichnet, und die Russen bewiesen ihren guten Willen, indem sie 30 Millionen Reichsmark in Gold für das Gebiet von Mariupol (Mariampol) in Südwestlitauen bezahlten, das von der UdSSR besetzt worden war, obwohl es im geheimen Zusatzprotokoll zu dem Vertrag vom 28. September 1939 dem Reich zugeschrieben war. Die Russen hatten angeboten, in Waren zu zahlen, unter anderem in wertvollen Rohstoffen, und waren erstaunt, daß die Deutschen auf sofortiger Bezahlung bestanden.[42] Aber es scheint, daß sie es versäumt haben, die richtigen Schlüsse aus dem deutschen Wunsch zu ziehen, das Ende der Lieferungen nicht hinauszuzögern. Im großen und ganzen diente der wirtschaftliche Austausch, der bis zum letzten Augenblick fortgesetzt wurde, nicht nur der deutschen Kriegsmaschinerie. Er überzeugte darüber hinaus Stalin, daß Hitler eine so wichtige Versorgungsquelle nicht auf dem unsicheren Altar des Krieges opfern würde. Er war nicht der erste, der sich dadurch irreführen ließ, daß er Hitler rationalere Gedankengänge zuschrieb als die, die ihn tatsächlich leiteten.

Das einzige positive Ergebnis der Berliner Gespräche war ein weiterer Schritt in Richtung einer Normalisierung der sowjetisch-japanischen Beziehungen. Das Geheimnis der früheren Erfolge Hitlers lag zu einem großen Teil in seiner Fähigkeit, seinen direkten Gegner zu isolieren und seine gesamten Anstrengungen — oder seine Bedrohung — auf einen Blitzkrieg gegen ihn zu konzentrieren. Wenn das immer noch seine Strategie gewesen wäre, hätte er die Japaner aufgestachelt, mit ihm zusammen die UdSSR anzugreifen. Da seine Siege über die Niederlande und Frankreich Japan so verführerische Aussichten in Südostasien geschaffen hatten, ist es zumindest zweifelhaft, ob ein Versuch, die japanische Armee gegen Rußland zu hetzen, erfolgreich gewesen wäre. Allerdings wären die Aussichten auf Erfolg im Herbst des Jahres 1940 sehr viel besser gewesen als zu irgendeinem späteren Zeitpunkt. Hitler hatte den entgegengesetzten Kurs der Versöhnung zwischen Japan und der UdSSR gewählt. Nicht, weil er sich in Ribbentrops „Kontinentalblock“ verliebt hätte, sondern weil er in seinem übertriebenen Selbstvertrauen über den zukünftigen Sieg über Rußland schon hinausschaute auf die nächste Phase seines Meisterplanes, in der er die Hegemonie über Europa erhalten hätte und es mit den Angelsachsen aufnehmen würde. In dieser Phase sollten die Japaner eine wichtige Rolle übernehmen und sicherstellen, daß die Amerikaner, sobald sie in den Krieg eingriffen, im Pazifik festgehalten würden. So sagte er Mitte Februar 1941 zu seinem Stab: Japan „müsse sich in den Besitz von Singapur und aller Rohstoffgebiete setzen, die es zur Fortsetzung des Krieges, besonders wenn Amerika eingreife, brauche".[43] Dieses strategische Ziel war in der Direktive Nr. 24 vom 5. März 1941 formuliert, in der auch festgelegt wurde, daß den Japanern gegenüber die „Operation Barbarossa" nicht erwähnt werden dürfe.[44]

Diese Heimlichtuerei, die typisch für Hitlers Verhältnis zu seinen Verbündeten war, nahm im Lichte der Wiederberufung Oshimas nach Berlin im Februar 1941 und des Besuchs des deutschfreundlichen Außenministers Matsuoka im darauffolgenden Monat fast schon betrügerische Züge an. Matsuoka reiste über Moskau, wo er ein ergebnisloses Treffen mit Stalin hatte. Als er in Berlin eintraf, merkte er bald, daß sich die deutsch-russischen Beziehungen seit November 1940 merklich verschlechtert hatten, obwohl Hitler ihm versicherte, er habe keine Angst vor einem sowjetischen Angriff.[45] Ribbentrop behauptete später, er habe Matsuoka gesagt, daß es nicht „angemessen" sei, wenn er auf seiner Rückreise über Moskau eine politische Vereinbarung mit der UdSSR abschließe.[46] Er war deshalb unangenehm überrascht, als Matsuoka genau das tat.

Die sowjetisch-japanische Vereinbarung vom 13. April 1941 sah vor, daß für den Fall, daß eine der beiden Parteien in einen Krieg verwickelt werde, die andere neutral bleibe. Es ist unwahrscheinlich, daß Matsuoka so gehandelt hätte, wenn die Deutschen ihre Pläne deutlich gemacht und sich auf den Dreimächtepakt berufen hätten, auch wenn im engeren Sinne nicht ausdrücklich der Fall eines deutschen Angriffs auf Rußland erwähnt worden wäre. Matsuoka hätte sicher zu Beratungen nach Tokio zurückkehren müssen, und das hätte den Deutschen Zeit gelassen für weitere diplomatische

Interventionen. Hitler, der, wie immer, seine Unfehlbarkeit verteidigte, behauptete, er habe Matsuokas Kurs gebilligt, und es gibt tatsächlich eine bittere Notiz über die spätere Bemerkung des Führers, daß Matsuoka ihm in Berlin gesagt habe, „er könne sich auf Japan verlassen".[47] Ribbentrop war ehrlicher und schrieb nach dem Krieg, die Japaner hätten „hinter unserem Rücken gehandelt".[48] Diese Anschuldigung mag in ihrem ganzen Umfang nicht auf Matsuoka zugetroffen haben, sicher aber auf das japanische Kabinett, das während seiner Abwesenheit versuchte, mit den USA über eine Beilegung der bestehenden Differenzen zu verhandeln. Wäre diese Politik erfolgreich gewesen, hätte sie Hitlers Bestrebungen im Fernen Osten gänzlich zunichte gemacht.

Der offensichtliche Nutznießer war Stalin. Zwar behauptete Matsuoka bis zu seinem Sturz, Mitte Juli 1941, er habe den deutschen Freunden geholfen, die Russen über die japanischen Pläne im unklaren zu lassen, aber Stalin wußte durch Sorges Berichte, daß Tokio beschlossen hatte, nach Süden vorzurücken. Schon im Juli 1941 konnte er Truppen vom fernöstlichen Schauplatz abziehen und in Europa aufstellen.[49] Dennoch hatte Hitler einen nicht einkalkulierten Nutzen durch die sowjetisch-japanische Annäherung, da sie Stalin in dem trügerischen Glauben seiner eigenen Sicherheit bestärkte. Er konnte Hitler kaum soviel Geringschätzung für die Rote Armee zugeschrieben haben, daß er im Falle eines Angriffs auf einen so offensichtlichen Vorteil verzichten würde wie auf den, daß die Rote Armee gezwungen wäre, ihre Truppenstärke im Fernen Osten zu erhalten. Stalins notorisch zur Schau gestellter Optimismus, als er auf dem Moskauer Bahnhof von der Schulenburg und Krebs aufsuchte und sie in seine verlogene Umarmung zog, nachdem er Matsuokas Abreise beschleunigt hatte, war ein doppelter Irrtum.[50]

8. Barbarossa: Die militärische Planung

Auf Grund der Schätzungen Kinzels erhöhte Marcks in seiner ersten Skizzierung eines Invasionsplanes leicht die Anzahl der sowjetischen Infanteriedivisionen, die möglicherweise zur Verteidigung der Westfront der UdSSR verfügbar waren. Daraus berechnete er, daß die Deutschen eine gleich große Anzahl angreifender Divisionen aufmarschieren lassen müßten, daß sie aber insgesamt mit ihren 24 Panzerdivisionen merklich überlegen wären, da ein wesentlicher Teil der sowjetischen mobilen Streitkräfte aus Kavallerie bestehe (23 Divisionen).[1] Diese Berechnung, die nicht einmal zu Beginn eine zahlenmäßige Überlegenheit anvisierte, die eine angreifende Streitmacht normal haben sollte, beruhte auf zwei Voraussetzungen, von denen keine der Wirklichkeit entsprach. Die eine war, daß auf japanischen Druck hin die Stärke der Fernosttruppen der Roten Armee beibehalten werden müßte. Wir haben jedoch gesehen, daß Hitler keinerlei Anstrengungen unternahm, die Japaner in seine antisowjetischen Pläne einzubeziehen. Noch Mitte Februar 1941 bestand er darauf, daß die Japaner Singapur angriffen und nicht Wladiwostok.[2] Zum zweiten setzte Marcks voraus, daß von Deutschlands maximaler Stärke nur die Besatzungstruppen in „Norwegen, Dänemark und im Westen" abgezogen werden müßten.[3] Mit anderen Worten, die „Operation Marita" und das Afrikakorps wurden in die Überlegungen nicht miteinbezogen, da ihre Notwendigkeit nicht vorauszusehen war, als Marcks schon im August 1940 seinen Bericht machte. Auf der anderen Seite glaubte Marcks, daß die Rote Armee einen seriösen und vernünftigen Verteidigungsplan habe, von dem sich — als es soweit war — herausstellte, daß er gar nicht existierte. Er erwartete, daß die Rote Armee — abgesehen von der rumänischen Front, wo ein Angriff auf die Ölfelder zu erwarten war — bis zu einer Linie zurückfallen würde, die von der Düna zu den Sümpfen von Pripjet verlief und von dort zum Dnjestr oder gar zum weiter östlich gelegenen Dnjepr. Wenn die Rote Armee, die entlang dieser Linie kämpfte, einmal auseinandergebrochen wäre und „in isolierten Einzelschlachten kämpfte, würde sie sich bald der Überlegenheit der deutschen Truppen und ihrer Führung unterwerfen".[4] Diese dritte Annahme, daß nämlich die Russen in bezug auf ausgebildete Soldaten und das Kriegsmaterial unterlegen seien, war besser begründet. Aber unter ideologischen Gesichtspunkten — so wie Hitler zu denken gewohnt war — führte sie zu gefährlichen überspitzten Schlußfolgerungen, und als sich sein Erfolg mehr und mehr hinauszögerte, rechtfertigten diese ideologischen Ableitungen jede Unvorsichtigkeit. Demgemäß äußerte sich der Führer folgendermaßen auf der Konferenz vom 5. Dezember 1940, auf der ihm der revidierte Plan des Generals Paulus vorgelegt worden war: „Der Russe ist uns waffenmäßig unterlegen wie die Franzosen. Er hat nur wenige moderne Feldbatterien, alles andere ist nachgebautes, altes Material... Die meisten der russischen Panzer sind ungenügend gepanzert. Der russische Mensch ist minderwertig. Die Armee ist führerlos..."[5]

Zu diesem Zeitpunkt wußten die Deutschen nicht, daß die Russen einen schweren Panzer, den T-34, hatten, der allem, was deutsche Panzerdivisionen besaßen, überlegen war. Aber sie wußten sehr wohl, daß sie selbst, wollten sie ihre Panzerdivisionen auf die erforderliche Stärke bringen, von den Franzosen erbeutete Panzerfahrzeuge wieder instandsetzen mußten.

Das übertriebene Selbstvertrauen des Führers, der so oft

zuvor recht behalten hatte, begann, seine Generale anzustekken. In diesem Punkt kann man Professor Hillgruber nur zustimmen: Die Generale fuhren nur insoweit fort, gegen die „Operation Barbarossa" Einspruch zu erheben, als ihnen dieser Feldzug für eine Beendigung des Krieges mit England unnütz erschien, nicht aber eigentlich wegen des damit verbundenen militärischen Risikos.[6] Dieser Aspekt der „Operation Barbarossa" stellte Halder noch Ende Januar 1941 vor ein Rätsel: „Sinn nicht klar. Den Engländer treffen wir nicht. Unsere Wirtschaftsbasis wird nicht wesentlich besser. Risiko im Westen darf nicht unterschätzt werden. Möglich sogar, daß Italien nach Verlust seiner Kolonien zusammenbricht und wir durch Spanien, Italien und Griechenland eine Südfront bekommen. Wenn wir dann gegen Rußland gebunden sind, wird die Lage weiter erschwert."[7]

Wir sahen schon im Kapitel 6, daß Hitler die Chancen und Gefahren, die sich auf dem Kriegsschauplatz am Mittelmeer ergaben, weitgehend ignorierte. Mögliche Schwierigkeiten in Norwegen und Dänemark, wo er im Juni 1941 acht Divisionen zurückhielt, unterschätzte er allerdings nicht. Das gleiche galt für Frankreich, Belgien und die Niederlande, wo 38 Divisionen verblieben.[8] Da er außerdem acht Divisionen auf dem Balkan und zwei in Nordafrika hatte, nahm Hitler am Vorabend der „Operation Barbarossa" an, daß ihm in Wirklichkeit eine kleinere Streitmacht zur Verfügung stand, als Marcks sie anvisiert hatte. Seine 24 Panzerdivisionen waren auf 19 zusammengeschrumpft und seine 110 Infanteriedivisionen auf 102.[9] Selbst diese reduzierte Streitkraft konnte nur dann ins Feld gehen, wenn praktisch alle strategischen Reserven, die eine wichtige Rolle in Marcks' Plan gespielt hatten, ausgeschöpft würden. So schrieb Halder nach dem Krieg: „Es ist charakteristisch für Hitlers mangelndes operatives Verständnis, daß er der Gruppierung und Bewegung der operativen Reserven nie das geringste Interesse schenkte."[10]

Die Aussichten der Luftwaffe waren noch weniger ermutigend, da sie aktiver als das Heer in Kämpfe mit der Royal Air

Force verwickelt war und Ziele im Westen und im Mittelmeerraum anfliegen mußte. So formulierte Halder Mitte Dezember 1940: „Für *uns* Einfrontenkrieg, ... für *Luftwaffe* Zweifrontenkrieg ..."[11] Schätzungen zufolge waren im Juni 1941 etwa 1150 Kampfflugzeuge im Westen einschließlich Norwegen und im Mittelmeerraum im Einsatz.[12] Das bedeutete, daß für den Einsatz im Osten nur etwa 2770 Kampfflugzeuge verfügbar waren, was nach einer Quelle zu dem ungünstigen Verhältnis von 4 oder 5 zu 1 führte.[13] Mitte Februar schien sogar Hitler für einen Augenblick entmutigt, als ihm Gerüchte über die Stärke der sowjetischen Luftstreitkraft zu Ohren kamen. Seine Reaktion war typisch für ihn: Anstatt seine Pläne neu zu überdenken, erklärte er, daß der Konflikt unvermeidbar sei.[14] Die Veränderungen waren deshalb so ernst, weil die Schätzungen über die Stärke der Roten Armee ständig wuchsen und Hitlers Ziele immer weitreichender wurden. Ende Januar 1941 schätzte das OKW, daß die Rote Armee 121 Infanteriedivisionen, 25 Kavalleriedivisionen und 31 Panzergrenadierbrigaden an der europäischen Front habe.[15] Aber noch Mitte März 1941 operierte das OKH mit sehr viel optimistischeren Annahmen.[16] Das Problem war, daß man die ungefähre Stärke der Sowjets in Fernost und an der türkischen und finnischen Front hätte kennen müssen, und Kinzel mußte zugeben, daß man so gut wie keine Unterlagen zur Verfügung hatte.[17] Anfang April des Jahres 1941 räumte Kinzel ein, „daß die Stärke des russischen Heeres im europäischen Rußland stärker anzunehmen ist, als bisher angenommen". Sie belief sich auf 171 Infanteriedivisionen, 36 Kavallerie- und 40 Panzergrenadierbrigaden. Düster stellte Halder fest, daß die Finnen und Japaner das schon immer gesagt hätten.[18] Ohne ersichtlichen Grund sind diese Zahlen bei einer letzten Zählung vor der Invasion leicht reduziert worden.[19]

Die nackte Wahrheit ist, daß der Generalstab fast völlig im dunkeln tappte und sich im wesentlichen auf die Expertisen seines Militärattachés in Moskau, General Köstring, und auf die des Oberst Krebs verlassen mußte, der an Köstrings Stelle trat, als dieser im März 1941 krank wurde. Köstring war von 1931 bis 1933 in Moskau gewesen und hatte seine Stelle erneut 1935 angetreten. Er kannte sich daher aus und war entsprechend einflußreich. Anfang September des Jahres 1940 hatte er eine sehr wichtige Unterredung mit Halder, in deren Verlauf er behauptete, daß es mit der Roten Armee aufwärts gehe, daß sie aber sicher noch vier Jahre brauche, bis sie wieder den Stand erreicht habe, den sie vor Stalins Säuberungsaktionen hatte. Er wies besonders auf die Schwierigkeiten der Panzergrenadiereinheiten hin und stützte seine Bemerkung mit einem Hinweis auf die Wachsamkeit der GPU (Geheimpolizei).[20] Dieser Bericht muß Hitler in seinem Glauben bestärkt haben, daß es besser sei, Rußland sofort niederzuschlagen, als einen späteren Zeitpunkt abzuwarten, wenn der Koloß vielleicht schon mündig geworden wäre. Eine ähnliche Argumentation hatte etwa 26 Jahre zuvor die Denkweise eines deutschen Kanzlers auf verheerende Weise beeinflußt.[21] Hans Krebs, der in Moskau Köstrings Stelle einnahm, war erst 42 Jahre alt. Er war ein karrieresüchtiger junger Mann. Hilger berichtet von einem Gespräch mit Krebs im Frühjahr 1941. Wie alle, die Rußland gut kannten, bestand auch Hilger darauf, daß Rußland nicht besiegt werden könne. Krebs war der gleichen Ansicht, fügte aber hinzu, daß Hitler nicht mehr auf die Generalstabsoffiziere hören werde, „nachdem wir ihn vor dem Frankreichfeldzug gewarnt haben . . .“[22] Damit hatte er Hitlers Haltung sicher richtig eingeschätzt. Warlimont bestätigt, daß jeglicher Ratschlag, der der vorgefaßten Meinung des Führers widersprach, als „Defätismus des Generalstabs“ abgeschrieben wurde.[23] Solche Ratschläge waren der Karriere eines ehrgeizigen jungen Offiziers durchaus nicht förderlich. Das erklärt vermutlich den Bericht, den Halder Anfang Mai 1941 von Krebs erhielt, der noch optimistischer als der vorhergehende von Köstring war: „Führungskorps ausgesprochen schlecht. Unterschied gegenüber Eindruck von 1933 ist auffällig negativ. Rußland wird 20 Jahre brauchen, bis es wieder alte Höhe erreicht. Materielle Rüstung ist im Gange. Neue Jäger.

Neuer Fernbomber. Auch fliegerische Leistung und Fähigkeit gering...“[24]

Krebs war so geschickt, das zu sagen, was Hitler hören wollte. Ende März 1945 wurde er der letzte Generalstabschef. Sein direkter Vorgänger Guderian war auch jemand, der genau wußte, wie man Karriere machte. Im August 1940 hatte er Hitler einen Bericht vorgelegt, in dem die Schwäche der Roten Armee hervorgehoben wurde.[25] Als Guderian nach dem Krieg seine Erinnerungen niederschrieb, hatte er diesen Bericht vergessen. Er erinnerte sich nur noch daran, daß die Russen unterschätzt worden waren und daß Hitler Köstrings Berichte einfach nicht beachtet hatte.[26]

Die willfährige Haltung, die die meisten Stabsoffiziere Hitler gegenüber einnahmen, könnte dadurch heruntergespielt werden, daß man anführt, die schwache Einschätzung der Roten Armee sei von den englischen und amerikanischen Geheimdiensten geteilt worden. Mitte Juni 1941 glaubte der gemischte Ausschuß der Geheimdienste in London, daß der russische Widerstand nur sechs oder sieben Wochen aushalten würde, und diese Ansicht wurde vom Generalstabschef des Empires unterstützt.[27] Die Schätzungen amerikanischer Militärs unterschieden sich kaum von denen der Briten. Andererseits hätte es den deutschen Generalstab stutzig machen müssen, daß die Briten und Amerikaner keine feindlichen Handlungen gegen die Russen erwogen. Die Deutschen hatten außerdem zwei weitere Vorteile. Zunächst hatten sie die Möglichkeit, Vergleiche anzustellen, da sie die Rote Armee sieben Jahre zuvor gut gekannt hatten. Zum anderen hätten die Deutschen, wenn sie es gewollt hätten, aus den Erfahrungen ihrer japanischen Verbündeten Nutzen ziehen können, denn die Japaner waren in den letzten elf Augusttagen 1939 durch die Kampfkraft der Roten Armee unter Schukow unangenehm beeindruckt worden. Bei Khalkin-Gol erwiesen sich sowjetische Panzer und Artillerie als „den Japanern weit überlegen“.[28] Schukow war mit Hilfe von Panzern und motorisierter Infanterie tief in die feindlichen Linien eingedrungen und hatte so bewiesen, daß sowjetische Taktiker anfingen, die Prinzipien moderner Kriegsführung zu beherrschen, noch bevor die Deutschen sie ihnen beibrachten. Darüber hinaus war der gigantische T-34-Panzer zum erstenmal eingesetzt worden, wenn auch noch in geringer Zahl.

So skrupellos die sowjetische Gesellschaft auch reglementiert und überwacht wurde, so hätten die Deutschen doch einfach durch Schätzungen anhand des Budgets erfahren können, daß die Russen ungeheure Summen in die Verteidigung investierten. Im Jahre 1941 belief sich der Verteidigungshaushalt auf 45% der Gesamtausgaben des Staates.[29] Zwischen 1939 und 1941 erhielt die Rote Armee 125 zusätzliche neue Divisionen, und die T-34-Produktion erreichte 1941 ein Jahresvolumen von 1100 Panzern.[30] Natürlich konnten die Deutschen diese genauen Zahlen nicht kennen, aber es ist in der Tat erstaunlich, daß sie zu Beginn des Jahres 1941 den Russen weniger Infanteriedivisionen an ihrer Westgrenze zuschrieben, als den Engländern und Franzosen während der vergeblichen Verhandlungen in Moskau im Sommer 1939 gemeldet worden waren.[31] Es ist schwer zu glauben, daß diese zuletzt genannten Zahlen lange geheim bleiben konnten. Als Schukow nach dem Krieg General Paulus' Schätzungen über die Rote Armee im Dezember 1940 gezeigt wurden, bemerkte er: „Es ist unvorstellbar, daß die Deutschen annehmen konnten, an der Front einem Gegner von weniger als drei Millionen gegenüberzustehen.“[32] Tatsächlich geben sowjetische Historiker zu — obwohl ängstlich darauf bedacht, nichts zuzugeben, was den Ruhm der Roten Armee schmälern könnte —, daß die UdSSR im Juni 1941 fast fünf Millionen Männer unter den Waffen hatte.[33] Ein sehr großer Teil davon muß im Juni 1941 an der europäischen Front gewesen sein. Ein englischer Wissenschaftler nimmt an, daß sie den Deutschen und Finnen zusammen um eine Truppenstärke von 30 Divisionen überlegen waren.[34] Warum sie ihre Überlegenheit so schlecht nutzten, soll im letzten Kapitel behandelt werden. Die hartnäckige Weigerung, das Ausmaß der feindlichen Streitkraft richtig einzuschätzen, muß weitgehend einem Wunschdenken zugeschrieben werden. Hinzu kam der tief eingewurzelte Glaube, daß die Kampfkraft des Feindes unbedeutend sei. Dieser Glaube läßt sich teilweise durch die traditionsbedingte Annahme der Deutschen erklären, daß sie den Slawen überlegen seien. Solche Spekulationen waren durch die nationalsozialistische Ideologie und den Zusammenbruch des russischen Widerstandes im Ersten Weltkrieg noch bestärkt worden. Es kam allerdings noch ein weiterer Faktor hinzu, der das deutsche Denken nach 1937 stark beeinflußte, nämlich Stalins Säuberungen im Offizierskorps der Roten Armee. Marschall Tuchatschewskij, der Mitte Mai verhaftet worden war — zum Teil auf Grund von Beweismaterial, das Heydrich und sein SD beschafft hatten —, war nicht nur der fähigste unter den russischen militärischen Führungskräften, er war auch derjenige, der in Westeuropa am bekanntesten war. Stalin glaubte in seiner berüchtigten Xenophobie, daß ein großer Teil der liquidierten Offiziere in glücklicheren Zeiten gute Kontakte zur Reichswehr gehabt hätte. John Erickson schätzt, daß zwischen 20.000 und 25.000 Offiziere beseitigt wurden: „Gegen Ende des Jahres 1938 waren von den Offizieren von den Rängen vom Divisionskommandanten bis zum Marschall nur noch 39%, verglichen mit Mai 1937, übriggeblieben.“[35] Die wichtigste Zeugenaussage gegen Tuchatschewskij kam von einem weißrussischen Emigranten, General Skoblin, der sehr wohl ein Doppelagent gewesen sein mag. Bevor Heydrich diese Zeugenaussage Hitler unterbreitete, ergänzte er sie mit gefälschtem und gestohlenem Material, das den deutschen Generalstab, die besondere Zielscheibe seines Hasses, belasten sollte.[36] Zweifellos war zu diesem Zeitpunkt der Generalstab sein wichtigstes Angriffsziel. Die spätere Behauptung, es sei die ganze Zeit das Ziel des SD gewesen, die Rote Armee zu zerstören, wurde höchstwahrscheinlich auf Grund verspäteter Einsicht erfunden.

Wie dem auch sei, Stalin benutzte diese Beweise, für die er dem SD den geforderten Preis (drei Millionen Goldrubel) zahlte, um die militärische Führung der Sowjets so gut wie auszuschalten, was zeitgenössische Beobachter zutiefst beeindruckte. Nachfolgende Ereignisse schienen das Urteil der Fachleute zu untermauern. Die Haltung der sowjetischen Truppen, denen deutsche Offiziere im September 1939 an der Demarkationslinie in Polen begegneten, machte einen äußerst schlechten Eindruck auf die Deutschen, und der Führer wurde auf Mängel in der Ausrüstung der Sowjets aufmerksam gemacht.[37] Der Kriegswinter des Jahres 1939/40 gegen Finnland erhärtete diesen Befund erneut, und der deutsche Generalstab stellte fest: „Die russischen Massen sind einem modern ausgerüsteten Heer mit überlegener Führung nicht gewachsen."[38] Es ist offensichtlich kein Versuch unternommen worden, diese Tatsachen mit jenen in Einklang zu bringen, die durch den sowjetischen Erfolg gegen die Japaner offenbar wurden. Letztere Informationen wurden einfach zurückgewiesen, weil sie sich nicht in das vorgefertigte Bild fügten. Es kann nicht geleugnet werden, daß es bedenkliche Unzufriedenheit und auch Mängel in der Roten Armee gab. Aber in Kapitel 10 werden wir sehen, daß Hitler absichtlich eine Form der Kriegsführung wählte, die eine Ausnutzung dieser Schwächen ausschloß und die große Mehrheit der Russen zwang, sich um Stalin zu scharen.

Bis jetzt haben wir uns mit der Größe der Streitkräfte befaßt, die einander gegenüberstanden. Nun wollen wir uns der Planung des Feldzuges zuwenden. Die Unzulänglichkeit der zur Verfügung stehenden deutschen Streitkräfte wurde durch zwei Faktoren der vor ihnen liegenden Landmasse verschärft. Zunächst dehnte sich das Land gewissermaßen aus, je weiter sie vordrangen, und zerrte die Verbindungsglieder zwischen den Heeresgruppen, die sich über die gesamte Spanne von Leningrad bis zum Kaukasus erstreckten, auseinander. Zum anderen wurde die unvorstellbar lange Front durch die Sümpfe von Pripjet zerteilt, die eine Lücke von etwa 300 km schufen, da Panzerfahrzeuge dort nur mit Schwierigkeiten operieren konnten. Marcks hatte sich selbst das begrenzte Ziel gesetzt, die russischen Streitkräfte so weit zu schwächen, daß „Rußland unfähig gemacht werde, in der absehbaren Zukunft als ein Gegner Deutschlands in den Krieg einzutreten". Er erwartete, daß der Feldzug an einer Linie, die von Archangelsk zur oberen Wolga (Gorki) und dann zum Don (Rostow) verlief, erfolgreich beendet werden konnte.[39] Sein Nachfolger, General Paulus, hielt an diesem Glauben unbeirrbar fest, trotz gewisser unheilvoller Bemerkungen, die Hitler bei seiner Konferenz mit seinen Generalen am 31. Juli 1940 machte. Hitler sprach damals von „der Zerstörung der Lebenskraft Rußlands", und er fügte hinzu, daß es nicht ausreiche, eine gewisse Ausdehnung des deutschen Herrschaftsgebietes zu erreichen. Das Ölgebiet von Baku am Kaspischen Meer wurde für eine „spätere Teiloperation" ausersehen.[40] Halder und Paulus arbeiteten weiter, ohne die möglichen Implikationen dieser Bemerkungen näher zu untersuchen, obwohl Paulus nach dem Krieg schrieb, daß die Planer einer Aufgabe gegenübergestanden hätten, die „die deutschen Kräfte bei weitem überschritt".[41] Zurückschauend vermittelt auch Halder den Eindruck, daß er geglaubt habe, Hitlers Ziele seien begrenzt gewesen: „...sie (die verfügbaren deutschen Streitkräfte) hätten ausgereicht... durch militärische Besetzung wesentlicher Teile der Ukraine, von Weißrußland und den baltischen Ländern ein strategisches Vorfeld zu gewinnen und damit zugleich ein Faustpfand für Friedensverhandlungen".[42]

Die Führerkonferenz vom 5. Dezember 1940, auf der Paulus' Plan vorgelegt wurde, brachte so gut wie keine Klarheit über die genauen Ziele. Halder hatte den Eindruck, das „entfernteste Ziel" sei es, einen Punkt zu erreichen, von dem aus keine russischen Luftangriffe auf das Reich mehr möglich seien. Das hätte bedeutet, daß ein russischer Staat in irgendeiner Form weiter existieren würde. Auf der anderen Seite wiederholte Hitler noch nachdrücklicher als früher schon, daß es notwendig sei, „russische lebendige Kraft zu vernichten. Regenerationsfähige Körper dürfen nicht mehr vorhanden sein..."[43]

Wahrscheinlich gingen seine Zuhörer über solche Sätze als

„Führerphrasen" hinweg — eine Haltung, die im Umgang mit Hitler niemals sehr klug war. Außerdem kam eine neue Unklarheit auf, die ernste Folgen haben sollte. Marcks war zu dem Schluß gekommen, daß das Hauptgewicht der Offensive auf dem Gebiet nördlich der Pripjetsümpfe liegen sollte und daß Moskau innerhalb dieses nördlichen Abschnitts als Hauptangriffsziel angesehen werden sollte.[44] Im OKW war allerdings ein Alternativvorschlag von Oberst Loßberg ausgearbeitet worden. Dieser Plan trägt zwar ein früheres Datum, wurde aber erst Mitte November 1940 an Jodl weitergeleitet, wie sich Warlimont, Loßbergs direkter Vorgesetzter, erinnert.[45] Es gibt keine sicheren Beweise, daß Hitler diesen Plan jemals zu Gesicht bekam, aber seine Ideen können durch Jodl natürlich zum Tragen gekommen sein.

Loßberg stimmt Marcks zu, daß der Hauptvorstoß, der in Paulus' exakterer Ausarbeitung der Heeresgruppe Mitte übertragen worden war, nördlich des Pripjet stattfinden sollte. Aber sein Alternativvorschlag sah vor, daß sich starke Einheiten nach einem „Durchbruch in Richtung Moskau" nach Norden wenden sollten, „um die Russen abzuschneiden, die dem Nordflügel gegenüberstanden" (d. i. die Heeresgruppe, die auf Leningrad vorrückte).[46]

Diese Taktik sollte Hitler gefallen, der immer wieder die Notwendigkeit hervorhob, russische Streitkräfte einzukreisen und zu vernichten, anstatt sie einfach ins Innere des Landes zurückzutreiben. Auf der Dezemberkonferenz gebrauchte er die Worte: „Moskau nicht sehr wichtig."[47] Zwölf Tage danach gab er Jodl den Befehl, dem Entwurf der Direktive (die zur gleichen Zeit den Namen „Barbarossa" erhielt) einen Zusatz beizufügen, wonach die Heeresgruppe Mitte „die Voraussetzung... für das Eindrehen von starken Teilen der schnellen Truppe (schaffen sollte), um im Zusammenwirken mit der in allgemeiner Richtung Leningrad operierenden nördlichen Heeresgruppe die im Baltikum kämpfenden Kräfte zu vernichten". Erst nach der Einnahme von Leningrad und Kronstadt sollte der Vormarsch auf Moskau wiederaufgenommen werden.[48] Am folgenden Tag wurde die vervollständigte Direktive unter der Nummer 21 von Hitler unterschrieben.

Während einer Konferenz auf dem Berghof am 9. Januar 1941 wiederholte Hitler, welchen Wert er auf die „schnelle Abschneidung des Ostraumes“ lege, und er fügte hinzu, daß „das Gebiet um Baku in Besitz genommen werden“ müsse.[49] Diese Hervorhebung der beiden äußersten Punkte der ungeheuer weitläufigen Front hätte zumindest zu einer Diskussion führen müssen, bei der Brauchitsch mit einer Bemerkung, die er früher einmal gemacht hatte, hätte einhaken können: daß nämlich die Streitkräfte, die der „Operation Marita“ zugeteilt waren, für das „Unternehmen Barbarossa“ nicht verfügbar seien. Außerdem hätte er anführen können, daß immer weitreichendere Aufgaben einer sich ständig verkleinernden Streitkraft zugemutet würden und daß im Verlauf der Kampfhandlungen die Flügel auf Kosten der Mitte (Moskaus) gestärkt würden. Anstatt auch nur etwas davon zu sagen, scheint es, daß die Generale in respektvollem Schweigen verharrten, während Hitler mit der Feststellung, „wenn diese Operation durchgeführt ist, wird Europa den Atem anhalten“, zum Ende der Rede kam. Eine gewisse Atemlosigkeit bei den Generalen wäre sicher auch angemessen gewesen. Die Ereignisse des Sommers 1941 lassen es als eindeutig erscheinen, daß sie Hitlers Abwertung der Stadt Moskau als Hauptangriffsziel nur Lippenbekenntnisse zollten, in der Hoffnung, daß sie seine Beschlüsse umgehen könnten, sobald die Operation tatsächlich begann. Wenn das tatsächlich ihre Haltung war, dann machten die Ereignisse deutlich, wie gefährlich es ist, sich auf ein so großangelegtes Unternehmen einzulassen, ohne vorher eine Verständigung über die Phasen seiner Ausführung erlangt zu haben. Nach Auskunft eines Sachkenners blieb die Heeresgruppe Mitte „300 km vor Moskau praktisch von Anfang August bis zur ersten Oktoberwoche passiv“.[50]

Kommandeure der älteren Generation, die nicht dahingehend erzogen worden waren, Krieg als eine Form des Völkermordes anzusehen, sondern als eine Möglichkeit, politische Ziele zu erreichen, fragten sich, wie der Krieg gegen Rußland zu einem Ende geführt werden könnte. In ihren Köpfen muß sich diese Frage mit der unterschiedlichen Beurteilung der Wichtigkeit Moskaus verbunden haben, obwohl Napoleons Erfahrungen vor der Annahme warnten, daß die Eroberung der Hauptstadt entscheidend sein würde. Rundstedts Biograph gibt an, daß der Feldmarschall der Ansicht war, daß ein „Krieg mit Rußland Jahre dauern" werde.[51] Es gibt keinerlei Anhaltspunkte, daß er diese Ansicht gegenüber Hitler äußerte. Aber Feldmarschall Bock, der am 2. Februar 1941 von Hitler empfangen wurde, stellte die kritische Frage, wie die Russen denn zum Frieden gezwungen werden könnten. Die Antwort, daß die deutschen mobilen Streitkräfte, wenn nötig, bis nach Jekaterinaburg vorstoßen würden, kann ihn kaum beruhigt haben.[52] Aber nicht nur Feldmarschälle hatten ihre Zweifel. Zwei von Bocks Stabsoffizieren nahmen am Vorabend der Invasion an einer Einsatzbesprechung teil, die von seinem Stabschef General von Greiffenberg geleitet wurde. Der General wagte die Voraussage, daß sie in fünf oder sechs Monaten in Moskau sein würden. Als sie daraufhin fragten, ob dies das Ende des Krieges sein werde, antwortete der General gutmütig: „Darüber wollen wir uns heute den Kopf nicht zerbrechen."[53] Selbst Greiffenberg — bis Oktober 1940 unter Halder im OKH — war also von der Neigung, alles der Intuition des Führers zu überlassen, angesteckt worden.

Übersteigerter Optimismus und fehlerhafte nachrichtendienstliche Übermittlung waren gemeinsam für den verhängnisvollen Glauben verantwortlich, daß die Rusen westlich des Dnjepr stehen und kämpfen müßten und daß sie, sobald sie dort besiegt seien, zusammenbrächen, da sie den größten Teil ihres industriellen Potentials verloren hätten. Zu allem Überfluß fehlten auch noch Langstreckenbomber, die sowjetische Produktionszentren hätten angreifen können. Nach dem Krieg behauptete Köstring, er habe warnend auf die großen Industriegebiete jenseits des Ural hingewiesen. Sollte das wirklich den Tatsachen entsprechen, so hatten seine

Warnungen in den Köpfen der Planer genauso wenige Spuren hinterlassen wie in ihren Berichten.

Halder und der Chef seiner Einsatzabteilung diskutierten Mitte Dezember 1940 über diese Frage und kamen zu dem Schluß, daß 32% der sowjetischen Kriegsproduktion aus der Ukraine kam, 44% aus den Gebieten um Moskau und Leningrad, so daß nur noch 24% verblieben, die aus Gebieten im Osten kamen.[54]

Nur soviel zum statistischen Wert dieser Daten: Sie waren so gut wie geraten. Canaris, Chef der militärischen Aufklärung, fütterte den Apparat mit Informationen, die ihn in Sicherheit wiegten und in die Irre führten, obwohl er gegen eine Invasion Rußlands war. So behauptete er, daß die wichtigsten Industriezentren der UdSSR und die wesentlichen Rohstofförderungsgebiete nur durch eingleisige Bahnstrecken verbunden seien.[55] Es war gerade so, als seien Deutsche unfähig zu glauben, daß die UdSSR sich schnell zu einem modernen Industriestaat entwickelte.

Einzigartig war bei der gesamten Planung allerdings die Art, wie der bewilligte Zeitplan immer knapper wurde, je deutlicher es wurde, wie kompliziert sich der Feldzug gestalten würde und wie ungleich die Kräfteverhältnisse verteilt waren. Die ersten Schätzungen, die auf Hitlers Konferenz Ende Juli 1940 gemacht worden waren, als seine Kriegsziele noch relativ begrenzt zu sein schienen, sprachen von fünf Monaten.[56] Unter der Voraussetzung — und die wurde weithin gemacht —, daß Blitzkriegmethoden, die in Polen und Frankreich so erfolgreich angewandt worden waren, auf das viel größere und rauhere Gebiet der UdSSR ähnlich anwendbar seien, war diese Zeitplanung durchaus nicht unvernünftig, zumal man glaubte, daß die Wehrmacht zahlenmäßig dem Feind zumindest ebenbürtig sei. Hätte man den Feldzug im Mai begonnen, so wäre er zu Ende gewesen, bevor die Witterungsbedingungen sich verschlechterten. Die Überlegenheit deutscher Waffen hätte nicht einmal voll ausgeschöpft werden müssen. Marcks rechnete mit einer maximalen Dauer von 17 Wochen, dabei muß allerdings daran erinnert werden, daß er sich auf eine Linie von der oberen Wolga bis zum Don beschränkt hatte.[57] Bis zu dem Zeitpunkt, an dem dieser Plan Hitler Anfang Dezember vorgelegt wurde, war das Ausgangsdatum für den Feldzug schon auf Ende Mai gerutscht.[58]

Zu diesem Zeitpunkt wäre es sicher klug gewesen, all die Voraussetzungen neu zu überprüfen, auf die das Oberkommando seine Hoffnungen gegründet hatte, die UdSSR in einem Feldzug niederzuschlagen. Dazu bedurfte es notwendigerweise einer Analyse der wirtschaftlichen Grundlagen, die den Deutschen in einem Zweifrontenkrieg selbst für die Mindestzeit von 18 Monaten zur Verfügung standen, wenn ihnen der Zugang zu russischen Rohstoffen sicher versperrt wäre. Im nächsten Kapitel werden wir sehen, daß General Thomas, der verantwortliche Stabsoffizier, gerade in bezug auf diesen Punkt seine größten Zweifel hatte. Anstatt darauf zu bestehen, daß diese Zweifel Hitler vorgetragen würden, flüchtete sich das Oberkommando in immer unrealistischere Zeitpläne, um sich selbst davon zu überzeugen, daß der Sieg noch im Herbst 1941 zu erreichen sei. Zum Schluß war es so, als seien sie alle von einem kollektiven Wahnsinn befallen. Das gilt nicht nur für Hitler, der von einem Sieg innerhalb von drei Wochen phantasierte. Selbst Brauchitsch faßte Ende April 1941 die Aussichten der Deutschen folgendermaßen zusammen: „Voraussichtlich heftige Grenzschlachten, Dauer bis zu vier Wochen. Im weiteren Verlauf wird dann aber nur noch mit geringem Widerstand zu rechnen sein."[59] Man kann dem Urteil Schukows nicht widersprechen, wenn er sagt: „Die deutschen Streitkräfte waren berauscht von ihren leichten Siegen über die westeuropäischen Armeen, als sie in die Sowjetunion eindrangen... und sie waren fest überzeugt von der Möglichkeit eines einfachen Sieges über die Rote Armee und von ihrer eigenen Überlegenheit gegenüber allen Nationen..."[60]

Neben diesen Überlegungen muß noch die Bedeutung der militärischen Planung der Feldzüge nach Griechenland und Jugoslawien bedacht werden und die Bedeutung, die Hitler der Kooperation mit seinen kleineren Verbündeten beimaß. Auf der Konferenz am 9. Januar 1941 beschrieb Hitler die deutschen Beziehungen zu den drei Schlüsselstaaten des Balkans: Rumänien sei freundschaftlich, Jugoslawien kühl, Bulgarien loyal — zögere aber aus Furcht vor Rußland, dem Dreimächtepakt beizutreten.[61] Tatsächlich wartete König Boris, bis die Deutschen ihre Heeresmacht in Rumänien aufgebaut hatten. Am 1. März 1941 trat er dann schließlich dem Pakt bei, und am nächsten Tag begannen deutsche Truppen in sein Land einzumarschieren. Die Russen hatten diese Entwicklung vorausgesehen, und ihr Botschafter hatte in Berlin schon Protest eingelegt. Da diese deutschen Truppenbewegungen nur gegen Griechenland gerichtet sein konnten, landeten wenige Tage danach englische Truppen auf dem griechischen Festland. Es wäre gewiß ein interessantes Gedankenspiel, ob Hitler sich darauf beschränkt hätte, die Griechen aus Mazedonien zu vertreiben und Saloniki und die Nordküste der Ägäis zu besetzen — wie es in der ersten Direktive zur „Operation Marita" vom 13. Dezember 1940 geplant war —, wenn die englischen Truppen nur Kreta besetzt hätten.[62] Das hätte ausgereicht, die Griechen davon abzuhalten, ihre Offensive gegen Italien fortzusetzen und der Heeresgruppe Süd den Rücken freizuhalten, wenn diese sich gegen Rußland in Marsch setzte. Erst am 17. März 1941 beschloß Hitler schließlich, das gesamte griechische Festland zu besetzen.[63]

Genau am selben Tag gab Prinz Paul, der jugoslawische Regent, dem Druck Hitlers, voll böser Vorahnungen, nach und trat dem Dreimächtepakt bei. Aber er machte es zur Bedingung, daß weder deutsche Truppen noch Versorgungsgüter, die für die Invasion Griechenlands benötigt wurden, durch sein Land ziehen dürfen. Diese Beschränkung war für die Deutschen deshalb besonders ärgerlich, da sie eine erweiterte Operation notwendig machte, weil von Bulgarien aus keine Eisenbahnlinie nach Griechenland führte. Des jugoslawischen Eisenbahnsystems beraubt, waren nun die Deutschen gezwungen, ihre Truppen und die schwere Ausrüstung zu einer unfreundlichen Jahreszeit über erbärmliche bulgarische Straßen zu bewegen. Außerdem war die griechisch-jugoslawische Grenze — im Gegensatz zur griechisch-bulgarischen — nicht befestigt.[64] Prinz Pauls formaler Beitritt zum Pakt fand am 25. März 1941 statt, eine Woche bevor die Invasion Griechenlands beginnen sollte. Es stellte sich jedoch heraus, daß die bösen Vorahnungen des Prinzen berechtigt waren. Am 27. März wurde er zusammen mit seiner deutschfreundlichen Regierung durch einen Volksaufstand gestürzt. Obwohl die neue Regierung des Generals Simović unter dem jungen König Peter den Dreimächtepakt nicht widerrief, hatte Hitler schon um ein Uhr desselben Tages beschlossen, Jugoslawien zu vernichten. Er hatte genug von diplomatischen Verhandlungen mit den störrischen Jugoslawen. Außerdem war die jugoslawische Eisenbahn von unschätzbarem Wert für die Rückführung der Truppen, damit diese rechtzeitig an der „Operation Barbarossa" teilnehmen konnten. Der erste Versuch, die UdSSR in einem kurzen Feldzug zu zerschmettern, war fehlgeschlagen. Nun behauptete Hitler, daß sein Blitzschlag gegen Jugoslawien Stalin endgültig der Hoffnung beraubt habe, auf dem Balkan „eine günstige Absprungbasis gegen uns und damit gegen ganz Europa" zu schaffen.[65] Wahrscheinlich hatte Jodl diese Interpretation der Aktionen Hitlers übernommen, so daß er nach dem Krieg über die „Operation Barbarossa" schreiben konnte, der Führer habe sich „erst am 1. April endgültig entschieden. Denn zu der Zeit ereignete sich etwas, das den Beginn des Angriffs auf die fast vollzählig versammelten sowjetischen Streitkräfte um vier bis fünf Wochen verzögerte. Es war für Hitler wie ein Leuchtfeuer, das die Pläne Stalins erhellte. Es war der Militärcoup in Belgrad."[66]

Es wäre gewiß schwierig, noch mehr Fehlinformationen in drei Sätze zu pressen. Jodl wählte ein willkürliches Datum, für das keinerlei Beweise vorliegen, und versuchte, es aufzubauschen, indem er durchblicken ließ, daß Hitler nur knapp einem Überfall durch die Sowjets zuvorgekommen sei. Wir werden auf diese Legende vom Präventivkrieg im letzten

Kapitel näher eingehen. Im Augenblick soll nur darauf hingewiesen werden, daß Hitler seit dem Sommer des Jahres 1940 Stalins Pläne beklagte. Außerdem ist klar, daß der Aufstand in Belgrad eine Volksbewegung gegen die deutsche Unterdrückung war und in keiner Weise von den Sowjets veranlaßt oder unterstützt wurde. Allerdings haben die Engländer zweifellos einen gewissen Einfluß ausgeübt.

Es scheint, daß Stalin die Möglichkeiten des jugoslawischen Widerstandes überschätzt hat. Er war so unklug, am 6. April 1941 einen Vertrag mit der neuen Regierung zu schließen, genau an dem Tag, an dem die Deutschen Griechenland und Jugoslawien überfielen. Als von der Schulenburg am gleichen Tage Molotow anrief, um ihn über den deutschen Angriff auf Jugoslawien zu informieren, erwähnte dieser den Vertrag mit keinem Wort.[67] Einen Monat später entschloß er sich zu einer versöhnlicheren, wenn nicht kleinmütigen Geste und brach die diplomatischen Beziehungen zur jugoslawischen Exilregierung ab. Stalin mag seine Karten schlecht ausgespielt haben, aber die Entscheidung, den Krieg auf den Balkan auszudehnen, war sicher nicht die seine. Auch die beiden großen Partisanenbewegungen, die bald in Jugoslawien entstanden, verdankten ihre Geburt keineswegs einer sowjetischen Eingebung. Das ist übrigens von Bedeutung für die europäische Nachkriegsgeschichte. Die Partisanen profitierten allerdings von dem überstürzten Abzug deutscher Truppen, die für die „Operation Barbarossa" benötigt wurden, was bedeutete, daß nur vier Divisionen an Sicherungstruppen zurückblieben.[68]

Die Aktivitäten der Partisanen waren der wesentliche Beitrag Jugoslawiens zu Deutschlands endgültiger Niederlage. Martin van Crevelds sorgfältige Untersuchungen haben frühere Annahmen widerlegt, wonach dem Staatsstreich in Belgrad die Hauptverantwortung für die Verzögerung der „Operation Barbarossa" zukam, die dann dazu führte, daß die Deutschen in den unwirtlichen Steppen Rußlands vom Winter überrascht wurden. Der Belgrader Staatsstreich war ein weiteres Alibi für Hitler. Wir haben bereits gesehen, daß das Oberkommando im Frühjahr 1941 fast einmütig glaubte, die Rote Armee werde lange vor Einbruch des Winters besiegt sein, obwohl einige ältere Skeptiker bezweifelten, daß es dadurch zum Frieden kommen würde. In jedem Fall ist es ein Irrtum, zu glauben, der 15. Mai 1941, das Datum, das in der Direktive „Barbarossa“ erwähnt wurde, sei ein festgesetztes Datum für den Beginn der militärischen Operationen gewesen. Tatsächlich war es das Stichdatum: Bis zu diesem Tag mußten alle Vorbereitungen abgeschlossen sein, so daß Hitler freie Hand hatte, zu irgendeinem Zeitpunkt danach den Marschbefehl zu geben.[69] Anfang Februar hatte Halder Hitler auf die widerstreitenden Anforderungen der Operationen „Marita“ und „Barbarossa“ aufmerksam gemacht.[70] Sollte man sich für die erweiterte Form der „Operation Marita“ entscheiden, dann war Halder der Meinung (am 28. März 1941), daß eine Einbeziehung Jugoslawiens in den Feldzug eine weitere Verzögerung und zusätzliche Vorbereitungszeit bedeutete: „Ausnützen der zeitlichen Verschiebung von Barbarossa um mindestens vier Wochen.“ [71] Das war eine vernünftige Einschätzung der Lage, wenn man von seiner ursprünglichen Annahme ausgeht, daß das „Unternehmen Marita“ selbst in seiner begrenzten Form „mindestens drei bis vier Wochen“ in Anspruch nehmen werde.[72] Abgesehen von Witterungseinflüssen waren die Hauptgründe für die Verzögerung: Hitlers Beschluß, ganz Griechenland zu besetzen, die Überbewertung des Truppenbedarfs durch das Oberkommando und vor allem das übersteigerte Vertrauen in einen einfachen Sieg über die Rote Armee.

Die Tatsache, daß die Deutschen, die die Rote Armee so verächtlich abtaten, sowohl die Zeit als auch die Truppenstärke, die sie für den jugoslawisch-griechischen Feldzug benötigten, so überschätzten, ist verblüffend. Selbst Hitler ging vorsichtiger an diesen kleinen Feldzug heran, wenn man Goebbels' Kommentar glauben kann, den er zu einer vertraulichen Pressenotiz des Führers zu Beginn des „Unternehmens Marita“ gab: „Der Führer schätzt die ganze Aktion in ihrer Zeitdauer auf etwa zwei Monate.“[73] Tatsächlich erreichten deutsche Panzer am 9. April Saloniki, Belgrad fiel vier Tage später, Jugoslawien kapitulierte am 17. April, Griechenland am 23. April, obwohl Kreta, das zunächst aus dem „Unternehmen Marita" ausgeklammert gewesen war, erst am 1. Juni 1941 ganz in deutscher Hand war. Von den Truppen, die für den Feldzug aufgestellt worden waren, kamen vier Divisionen und ein SS-Regiment niemals zum Kampf.[74] Der Feldzug erbrachte zwei günstige Nebenprodukte: Er diente als Tarnung für den Aufbau der „Operation Barbarossa", und die jugoslawische Eisenbahn beschleunigte die Rückkehr der Einheiten, die gegen Rußland benötigt wurden.

Das bedeutet nicht, daß die „Operation Marita" keinerlei Einfluß auf die „Operation Barbarossa" gehabt habe. Feldmarschall List, dessen 12. Armee die Spitze der Heeresgruppe Süd in der Ukraine bilden sollte, wurde das Oberkommando Südost übertragen. Da Hitler außerdem General Kleists Panzergruppe zu Operationen nördlich der Karpaten abkommandiert hatte, war General Rundstedts Heeresgruppe Süd, zu der auch zusammengewürfelte Haufen rumänischer, italienischer, ungarischer, kroatischer und slowakischer Kontingente gehörten, zu sehr geschwächt, als daß sie eine großangelegte Zangenbewegung gegen die Rote Armee hätte in Angriff nehmen können. Dazu kam es dann auch erst im August, nachdem Truppen von der Heeresgruppe Mitte abgezogen worden waren. Die große Schlacht von Kiew wurde damals gewonnen, aber der Vormarsch auf Moskau wurde verschoben. Außerdem führte Hitlers Entscheidung, Kreta zu besetzen, die er erst am 31. Mai 1941 gefällt hatte, zu schwereren Kampfhandlungen als während des ganzen übrigen Balkanfeldzuges. Die Hauptlast mußte General Students Fallschirmspringerdivision tragen.[75]

Ein bezeichnendes Ergebnis des schnellen und entscheidenden Sieges war, daß Hitlers Selbstsicherheit weiter wuchs. So sagte er am 31. Mai 1941: „Für den deutschen Soldaten ist nichts unmöglich!"[76] Das war zweifellos der Hauptgrund dafür, daß unter dem Eindruck der frühen Beendigung der „Operation Marita" keinerlei Anstrengungen gemacht wurden, den Stichtag für den Beginn der „Operation Barbarossa“ festzulegen. Am letzten Apriltag des Jahres 1941 setzte Hitler den 22. Juni an, nachdem er den vom OKH vorgeschlagenen 25. Juni abgelehnt hatte.[77] Das OKH hatte keine Eile, zum Teil, weil durch die ungünstigen Witterungsverhältnisse die Flüsse angeschwollen waren, zum Teil, weil die Ausrüstung Mängel aufwies. Nach Lage der Dinge kamen zu Beginn des neuen Feldzugs die meisten Fahrzeuge der neuen Panzerdivisionen aus französischen Beständen und waren nach Guderians Dafürhalten für die Verhältnisse im Osten ungeeignet.[78]

Hitlers Selbstherrlichkeit verleitete ihn außerdem dazu, die Möglichkeit, seine Verbündeten an der „Operation Barbarossa“ zu beteiligen, gar nicht erst in Erwägung zu ziehen. Japan und Italien wurden erst wenige Stunden vor Beginn der Invasion offiziell informiert, obwohl es so scheint, daß Hitler Oshima am 3. Juni von dem bevorstehenden Angriff unterrichtet hat, ohne allerdings ein genaues Datum zu nennen.[79] Mussolini schickte auf eigenen Wunsch ein Armeekorps, das am antikommunistischen Kreuzzug teilnehmen sollte. Die Japaner wurden erst nach Beginn der Invasion gebeten, den Russen den Nachschub über Wladiwostok abzuschneiden.

Anfang Februar hatte Hitler Halder angewiesen, die kleineren Verbündeten, mit Ausnahme von Rumänien, erst im letzten Augenblick über das „Unternehmen Barbarossa“ zu informieren.[80] Es war notwendig, Rumänien eine aktive Rolle zuzuweisen. Antonescu hatte sich durch seine wortgewaltigen Ausflüge in die ideologische Welt des Antisemitismus und Antislawismus das Vertrauen des Führers erworben. Noch am 18. März 1941 bestand Hitler darauf, daß die Kooperation mit Ungarn und der Slowakei nur aus Nachschubgründen gebraucht werde.[81] Ungarn und Rumänien waren in jedem Bündnis unsichere Genossen. Die Konzentration sowjetischer Truppen, die der Heeresgruppe Süd gegenüberstanden, hatte aber Halders und Rundstedts Besorgnis erregt, und es war ihnen gelungen, Hitlers Wünsche zu umgehen. Drei Tage nach Beginn der „Operation Barbarossa“ erklärte Ungarn den Krieg. Hitler hatte Finnland die Aufgabe übertragen, die Rote Armee im Leningrader Gebiet festzuhalten, wobei er ihnen die Möglichkeit einräumte, weiter nördlich nach Murmansk vorzustoßen. Marschall Mannerheim war darauf aus, den Verlauf der finnischen Grenzen zu korrigieren, er hatte aber nicht die Absicht, sich auf tollkühne Abenteuer einzulassen. Erst nachdem die sowjetische Luftwaffe Angriffe gegen Helsinki geflogen hatte, erklärte Finnland am 25. Juni 1941 den Krieg. Bulgarien hielt diplomatische Beziehungen zur UdSSR aufrecht, so daß die Slowakei das einzige slawische Land war, das aktiv am antislawischen Kreuzzug teilnahm. Auf der Höhe seiner Macht marschierte das große deutsche Heer ein letztes Mal in den Kampf, begleitet von wenig mehr als bewaffneten Schlachtenbummlern. Es marschierte ins Ungewisse, geführt von einem Mann, der von einem größenwahnsinnigen Glauben an seine Bestimmung besessen war. Aber im nachhinein haben selbst Größenwahnsinnige Augenblicke der Einsicht. In einem solchen Augenblick sagte Hitler die Wahrheit: „Am 22. Juni öffnete sich vor uns eine Tür, und wir wußten nicht, was hinter ihr lag... eine schwerwiegende Unsicherheit packte mich an der Kehle.“[82]

9. Barbarossa: Die wirtschaftliche Planung

Auf den vorhergehenden Seiten sind die Divergenzen zwischen Hitler und seinen Generalen in bezug auf Zielsetzung und Hintergrund zur Genüge hervorgehoben worden. Doch eine traumatische Erfahrung war ihnen gemeinsam — Deutschlands Niederlage und Demütigung im Ersten Weltkrieg. Von dieser schrecklichen Lektion waren Hitler und seine Generale ausgegangen und hatten gemeinsam gewisse Schlußfolgerungen aus ihr gezogen. Eine war, daß Deutschland nie wieder in einen Zweifrontenkrieg verwickelt werden dürfe. Hitler hatte das in seinen frühen Reden und in „Mein Kampf“ so formuliert: Deutschland habe zu wählen zwischen der Freundschaft mit England und der Freundschaft mit Rußland. In dieser Frage unterschieden sich lange Jahre die Ansichten Hitlers und seiner Generale, wie wir gesehen haben. Grob betrachtet war allen klar, daß das Reich, wollte es einen größeren Krieg führen, entweder frei von der englischen Blockade sein mußte oder Zugang zu russischen Rohstoffen und Handelswegen haben mußte. Zwei andere Schlußfolgerungen teilten Hitler und die Generale auf Grund der Erfahrungen des Ersten Weltkriegs: Eine war, daß Maßnahmen getroffen werden mußten, um einen Zusammenbruch der Heimatfront zu verhindern, die andere, daß eine mobile Kriegführung mit Blitzangriffen das Reich davor schützen mußte, wieder in einen Stellungskrieg verwickelt zu werden, den es nicht gewinnen konnte.

Diese miteinander verbundenen Ideen fanden ihren Ausdruck in dem Begriff „Blitzkrieg", der nicht nur den Gebrauch von Panzern und Stukas an der Front umfaßte, sondern auch den Einsatz von Langstreckenbombern gegen zivile Ziele, um dadurch den Widerstandswillen des Gegners zu brechen. Aus der Sicht der Opfer hatte der „Blitzkrieg" sehr viel mit dem „totalen Krieg" zu tun. Aus deutscher Sicht aber war gerade er ein Mittel, einen totalen Krieg zu vermeiden. Er ermöglichte der deutschen Zivilbevölkerung, die Wohltaten einer Folge schneller Siege zu ernten, ohne die Entbehrungen dulden zu müssen, die untrennbar mit einem Stellungskrieg verbunden sind. Erst nach Stalingrad gab Hitler schließlich zu, daß diese Politik fehlgeschlagen war. Ein Wissenschaftler schrieb: „Der totale Krieg war Hitlers Nemesis, nicht sein Plan."[1] 1943 war auch das Reich auf der Seite der Opfer, und es war unvergleichlich härteren Strafen ausgesetzt, als sie zuvor Warschau, Rotterdam, Coventry und Belgrad zugemessen waren.

Hitler war mit jenen seiner Generale, die über solche Dinge nachdachten, uneins über die Notwendigkeit, der Zivilbevölkerung zu Beginn des Krieges die Folgen eines totalen Krieges aufzubürden. Das hing zum Teil auch damit zusammen, daß die Generale die politischen Implikationen eines Blitzkrieges anders einschätzten. Hitler sah ihn als Mittel, seine Gegner schnell hintereinander auszuscheiden, ehe sie sich wirksam gegen ihn verbünden konnten. Die Generale waren vorsichtiger und skeptischer, ob Hitler in der Praxis seine ehrgeizigen Ziele erreichen könnte, ohne einen großen Krieg heraufzubeschwören, der wahrscheinlich in einen Weltkrieg eskalieren würde. Nur wenige von ihnen glaubten zunächst, daß die Staatsmänner der Welt so kurzsichtig und unentschlossen wären, daß sie Hitler erlaubten, Österreich, die Tschechoslowakei und Polen zu isolieren und erfolgreich zu eliminieren. 1940 vertrauten sie allerdings dem Pakt Hitlers mit Stalin genügend und nahmen an, daß Stalin sich zurücklehnen und der Vernichtung Frankreichs tatenlos zuschauen würde. Die Tatsache, daß potentielle und wirkliche Gegner Hitlers

Eroberungen auf diese Weise erleichterten, war einer der Hauptgründe für seine dominierende Stellung gegenüber seinen ehemals skeptischen Stabsoffizieren und auch dafür, daß es nicht zu einer gemeinsamen positiven Aktion der Militärs in der Widerstandsbewegung kam.

Dennoch waren nicht alle Generale bereit, ihren ursprünglichen Standpunkt aufzugeben, daß Deutschland das Risiko eines großen Krieges nicht eingehen dürfe, der sich wie 1914—18 zu einem Stellungskrieg entwickeln könnte, ehe nicht zwei Bedingungen erfüllt seien. Eine war, daß Zeit sein müsse, die Miniaturreichswehr des Jahres 1933 zu einer gut ausgebildeten Streitkraft zu machen. Die so erstarkte neue Reichswehr müßte von einem Korpsgeist durchdrungen sein, der einen Zerfall — vergleichbar dem vom Ende des Ersten Weltkriegs — unmöglich machte. Die zweite Bedingung war, daß Deutschland von Grund auf wiederaufrüsten müsse. Massive Bestände an kriegswichtigem Rohmaterial und Reserven an Produktionsanlagen und Arbeitskräften müßten groß genug sein, um sicherzustellen, daß das Land einen langen Krieg überleben konnte, wenn es dazu kommen sollte. Diese Hoffnungen sollten nicht verwirklicht werden, weil sie mit dem rasenden Tempo der Wiederbewaffnung kollidierten, das Hitler aus Gründen der Ideologie und des persönlichen Ehrgeizes befohlen hatte — wir haben das schon früher ausgeführt. Bevor Hitler an die Macht kam, hatte Schleicher die Reichswehr bis zum Jahre 1938 von sieben auf 21 Divisionen vergrößern wollen. Tatsächlich hatte Deutschland 1939 schon 103 Divisionen, einschließlich 50 Reservedivisionen.[2]

Militärisch betrachtet war das eine beeindruckende Leistung; vom Standpunkt wirtschaftlicher Stabilität jedoch war der Preis dafür zu hoch, zumal die Vergrößerung der Reichswehr nicht von Sparmaßnahmen zu Lasten der Gesamtbevölkerung begleitet war. Vielmehr verbesserte sich der Lebensstandard der Arbeiter allgemein, bedingt durch Vollbeschäftigung und Preiskontrolle. Umfangreiche Importe sowohl von Nahrungsmitteln als auch von kriegswichtigem

Rohmaterial hatten bis 1936 fast die gesamten ausländischen Währungsreserven erschöpft. Hinzu kam noch, daß ein Großteil der Produktionsmittel in die handelspolitisch unergiebige Rüstungsindustrie gesteckt wurde. Außerdem gab es zuwenig Arbeitskräfte. Der Mangel an Arbeitskräften wurde noch verschärft durch die nationalsozialistische Ideologie, die es nicht gerne sah, wenn Frauen in die Fabriken gingen, statt sich ihrer traditionellen Aufgabe — Kinder und Küche — zu widmen. Das wirtschaftliche Problem hat Hitler niemals gelöst, es sei denn durch Eroberungen, die die Löcher auf dem deutschen Devisen- und Rohstoffmarkt wieder stopften: Kriegsbeute oder Zwangsarbeiter aus besiegten Ländern. 1936 war Hitler noch nicht soweit, daß er die Tamerlan-Phase seiner seltsamen Karriere hätte beginnen können (die Eroberung und Unterwerfung der eurasischen Völker; Anm. des Übers.). Deshalb behalf er sich so, wie es in Krisensituationen seine Art war: Er bestimmte einen Oberherrn, dem er Generalvollmacht erteilte — in diesem Falle war es Göring.

Göring hatte sich mit seinem Vierjahresplan zum Ziel gesetzt, das Tempo der Wiederaufrüstung beizubehalten, ohne daß der Lebensstandard bis zu dem Zeitpunkt wesentlich gesenkt werden mußte, da Deutschland kriegsbereit war. Schacht und Goerdeler, Nationale einer älteren Generation, die zwar unter den entsprechenden Umständen die Korrektur von Grenzen, nicht aber Plünderung als ein legitimes Motiv für Krieg ansahen, befürworteten eine andere Politik. Sie glaubten, daß Deutschland, mit oder ohne Krieg, in wenigen Jahren stark genug werden könnte, um die wesentlichen Mißstände zu beheben, wenn es das Ausmaß der Wiederaufrüstung drosselte und profitträchtige Außenhandelsbeziehungen entwickelte. Diese Alternative war Hitlers Denkart völlig fremd. Im August 1936 äußerte er sich dazu in einem Memorandum, das er Göring übergab. Hitler erklärte, mit der Unterstützung, die Deutschland von Italien und Japan bekommen könne, sei es das einzige Hindernis für einen bolschewistischen Überfall auf Europa. Darum

„ist es unmöglich, das Ausmaß und das Tempo einer wirkungsvollen Entwicklung unseres militärischen Potentials zu übertreiben ... Dieser Aufgabe müssen daher alle anderen Erfordernisse bedingungslos untergeordnet werden ... In vier Jahren muß die deutsche Wirtschaft einen Krieg stützen können."[3]

Um Hitlers Forderungen zu entsprechen, wandte Göring als sein wichtigstes Hilfsmittel das der wirtschaftlichen Autarkie an. Deshalb wurden Ersatzprodukte entwickelt, wie etwa synthetischer Gummi (Buna). So konnte das Reich seine Importe drosseln und damit Devisen sparen. In dieser Zeit brachten es die erfinderischen Direktoren von I.G.-Farben zu Macht und Ansehen. Wirtschaftliche Unabhängigkeit bedeutete auch, einheimische Bodenschätze zu fördern, selbst wenn sich herausstellte, daß das weniger wirtschaftlich war, als ausländische zu importieren. In diesem Punkt stieß Göring mit den Industriellen zusammen — und gewann. Eines seiner Siegesdenkmäler waren die staatlichen Hermann-Göring-Werke in Salzgitter, wo als Alternative zur Einfuhr von hochwertigen Erzen minderwertiges Erz abgebaut wurde. Für Hitler war wirtschaftliche Unabhängigkeit immer nur ein Ausweg auf Zeit. „Lebensraum" blieb die einzige langfristige Lösung für Deutschlands Probleme. Selbst wenn die wirtschaftliche Unabhängigkeit in Friedenszeiten die Schwierigkeiten hätte mindern können, die Wirtschaftsprobleme eines Krieges hätte sie nicht lösen können. Am Vorabend der Invasion Rußlands gab Hitler zu: „Der Verlauf des Krieges hat gezeigt, daß wir in unserem Bestreben um Autarkie zu weit gegangen sind. Es ist unmöglich, alles, was uns fehlt, künstlich herzustellen ... Diese Autarkiebestrebungen stellen große Anforderungen an den Arbeitskräftemarkt, denen wir einfach nicht nachkommen können."[4] Der Mangel an Arbeitskräften war tatsächlich ein Problem. 1940 fing man zwar damit an, Zwangsarbeiter aus besetzten Gebieten einzustellen. Doch diese Maßnahme beeinflußte die Produktion jenes Jahres nicht wesentlich. Die Vergrößerung des Heeres, die für den Rußlandfeldzug notwendig wurde, konnte nur auf Kosten der Industrie erreicht werden.[5] Man appellierte an die Frauen, sich freiwillig in den Produktionsprozeß einzugliedern, aber im Herbst 1940 waren nur 300.000 mehr beschäftigt als im Jahr zuvor. Sauckels teuflische Sklavenjagd im besetzten Osten, die mehr als alles andere dazu beitrug, eine Kooperation der Zivilbevölkerung mit den Siegern zu verhindern, hing direkt mit diesem Arbeitskräftemangel zusammen.

Die Sorge der Nationalsozialisten um die Moral der Zivilbevölkerung in einem Reich, aus dem die freie Meinungsäußerung verbannt worden war, führte zu dem seltsamen Ergebnis, daß der SD, der für die Unterdrückung der freien Meinungsäußerung zuständig war, gleichzeitig verpflichtet war, der Führung über die öffentliche Meinung Bericht zu erstatten. Die Berichte des SD waren ungewöhnlich objektiv, sie waren sogar so objektiv, daß die entsprechende Abteilung in der späteren Phase des Krieges abgeschafft wurde, als die Wahrheit den kriegführenden Herren noch unerträglicher geworden war.[6] Neben der natürlichen Reaktion der Bevölkerung auf die englischen Luftangriffe beherrschten zwei Hauptthemen die Berichte aus den ersten Kriegsjahren: Unruhe wegen der Versorgung mit rationierten Waren und Sehnsucht nach Beendigung des Krieges. Ende Januar 1941, als Hitler seine alljährliche Ansprache zur Erinnerung an seine Machtergreifung hielt, bemerkte die Öffentlichkeit, daß er mit keinem Wort die Beziehungen zur UdSSR erwähnte.[7] Von diesem Zeitpunkt an bis zum Beginn der Invasion tauchten in den Berichten immer wieder Hinweise auf die allgemeine Angst vor einer Ausweitung des Krieges auf. Die nationalsozialistischen Führer, die die öffentliche Meinung sehr wohl kannten, waren entschlossen, weiterhin sowohl Butter als auch Gewehre zu produzieren. Diese Einstellung hatten sie schon immer gehabt. Im November 1938 hatte sich Göring geweigert, die Produktion für den zivilen Sektor zu drosseln, obwohl das zu Lasten der Waffenproduktion ging.[8] 1941 wurden im Reich mehr Konsumgüter hergestellt als 1940.[9] Hitlers und Görings

Haltung spiegelte sich natürlich bei den Gauleitern wider, die mit Ausbruch des Krieges zu Verteidigungskommissaren für ihre Gebiete ernannt wurden. Sie wehrten sich energisch gegen dirigistische Produktionsvorschriften,[10] verteidigten die kleinen Betriebe, denen schon immer das Interesse der NSDAP gegolten hatte, und kämpften gegen eine Konzentration der Industrie in den Händen größerer und leistungsfähigerer Firmen.[11]

Hitlers entschiedene Abneigung gegen einen totalen Krieg ging noch weiter. Er war nicht nur entschlossen, dem Volk Brot zu geben, woran das Volk selbst zutiefst interessiert war, er wollte auch, daß es Spiele habe. Im Winter 1939/40 wurden die Arbeiten am Stadion für die Winterolympiade in Garmisch fortgesetzt.[12] Im Sommer 1940 bestand Hitler darauf, daß Speers großartige Bauprojekte in Berlin und Nürnberg vorangetrieben werden sollten, und unter einem Decknamen wurde diesem Projekt ein bemerkenswertes Kontingent des raren Eisens zugeteilt.[13] Noch Mitte März 1942 hatte Hitler die Arbeiten zur Verschönerung der Stadt Linz, die Wien als Königin der Donau ersetzen sollte, nicht völlig einstellen lassen.[14] Es schien, als sei er entschlossen, mit einem Arm in der Schlinge in seine große Schlacht zu gehen. Professor Milward mag vielleicht ein wenig untertreiben, wenn er zusammenfassend meint: „Der deutschen Invasion Rußlands ging keine wirtschaftliche Planung voraus, die der ökonomischen Vorplanung der anglo-amerikanischen Invasion Frankreichs vergleichbar wäre."[15]

„Meine Generale haben keine Ahnung von den wirtschaftlichen Aspekten eines Krieges", befand Hitler.[16] Doch es gab zumindest einen, der diese Aspekte sehr gründlich untersuchte und Hitler in fast jedem Punkt widersprach. Georg Thomas hatte unter Beck im Militärbereich Dresden gedient. 1928 übernahm er wirtschaftsplanerische Aufgaben im Generalstab, und im November 1939 war er Generalmajor geworden und für das Amt für Kriegswirtschaft und Rüstung zuständig. Dieses war ein Teil des OKW. Hier blieb er bis Januar 1943. Bei seiner Entlassung sagte Keitel: „Ich muß

Ihnen heute sagen, daß Ihre Warnungen und Ihre Beurteilung der wirtschaftlichen Lage vor und während des Krieges richtig waren. Aber Sie haben sich selbst für den Führer und seine Partei untragbar gemacht, weil Sie Ihre Ansichten oft und lang geäußert haben. Hitler hat deutlich gemacht, daß er keine Verwendung hat für Männer, die ihn ständig belehren wollen."[17] Es ist bezeichnend für Hitlers Widerwillen, Ansichten zu überdenken, die seinen eigenen widersprachen, daß er von 1940 bis 1942 Thomas, der sein führender Kriegswirtschaftsexperte in der Wehrmacht war, nur einmal empfing.[18] Thomas hat seine Kritik in den 18 Monaten zwischen seiner Entlassung und seiner Verhaftung niedergeschrieben. Darum können seine Aufzeichnungen als ursprüngliches Zeugnis seiner Ansichten zu jener Zeit angesehen werden, im Unterschied zu den Rechtfertigungsversuchen nach dem Zusammenbruch, die so viele Erinnerungen der Generale Hitlers charakterisieren.

Thomas' grundsätzlicher Widerspruch gegen Hitler bezog sich auf dessen strategisches Konzept des Blitzkriegs als Mittel, einen langen Krieg gegen eine Koalition von Feinden zu verhindern. Er glaubte, daß Deutschland zum Schluß von Feinden umringt sein werde und daß die Unterschätzung der Macht der USA und der UdSSR sich als verhängnisvoll herausstellen werde. Er hatte die UdSSR 1933 besucht und war „tief beeindruckt von der gewaltigen Weite des russischen Landes, von der Vitalität des Volkes, von dem Ausmaß seiner Fähigkeit, sich in Rohstoffen und landwirtschaftlichen Produkten zu beschränken, und besonders von der Größe der russischen Industrie ..."[19] Er hatte kein Vertrauen in die Autarkie als Mittel zur Lösung der wirtschaftlichen Probleme Deutschlands. In jedem Fall hätte den Risken eines langen Krieges mit drei grundlegenden Maßnahmen begegnet werden müssen. Erstens die Einführung von Beschränkungen auf dem Zivilsektor im Sinne eines „totalen Krieges"; zweitens die Einführung einer konsequenten und zweckmäßigen Prioritätenliste für die Kontingentierung von Waffenlieferungen, Menschenpotential und Rohstoffen; drittens eine gründliche Wiederaufrüstung, so daß die Kriegsmaschinerie auf einer soliden Infrastruktur ruhen und Zukunftspläne in der Gewißheit gemacht werden konnten, daß sie vollendet würden, gleich, ob man auf zusätzliche Kriegsbeute zurückgreifen könnte oder nicht. Thomas gibt an, daß er alle diese Vorschläge „vor dem Rußlandfeldzug mit besonderem Nachdruck“ vorgebracht habe.[20]

Was den ersten Punkt betrifft, so haben wir bereits gesehen, daß Hitler um jeden Preis den „totalen Krieg“ in der Heimat vermeiden wollte. Zu Punkt zwei: In Kapitel 3 sahen wir, daß Hitler sich standhaft weigerte, mit einem koordinierten militärischen Planungssystem zu arbeiten oder den militärischen mit dem zivilen Sektor verwaltungstechnisch zu verbinden. Göring teilte Hitlers Verachtung für den Generalstab mit seinem vorsichtigen und methodischen Gehaben. Er hatte das Luftwaffenbeschaffungsamt aus dem Heer ausgegliedert, um dessen Ausweitung nach 1933 beschleunigen zu können. Die Marine und zwangsläufig auch die Waffen-SS folgten diesem Beispiel. 1938 beteiligte sich ein neuer Konkurrent an der Balgerei um die Verringerung der Mittel, des Menschenpotentials und der Devisen: Hitler, mit dem Fortschritt des Heeres beim Bau des Westwalls unzufrieden, übergab den Auftrag dem unabhängigen Fritz Todt, der sich als Erbauer der kriegswichtigen Straßen (Autobahnen) Deutschlands einen Namen gemacht hatte. Der Polenfeldzug, so kurz er auch gewesen sein mag, hatte gezeigt, daß sehr viel mehr Munition und Explosivstoffe verbraucht wurden, als man angenommen hatte.[21] Hitler reagierte, indem er auf die Frage, die Thomas schon gestellt hatte, nämlich, ob er die Produktionskapazitäten in Vorbereitung eines langdauernden Krieges erweitern solle, keine klare Antwort gab.[22] Statt dessen wurde Todt im März 1940 zum Reichsminister für die Bewaffnung und Munition befördert. Da die Streitkräfte keinen Befehl erhielten, Aufträge über sein Amt zu vergeben, führte seine Bestellung dazu, daß ein neuer Konkurrent hinzukam, statt daß die schon existierenden Konkurrenten ersetzt worden wären.

Hitler war auf Grund seiner Veranlagung dagegen, Menschen oder Material in Reserve zu halten. Es interessierte ihn nicht, wie eine Granate hergestellt und an die Front geschafft wurde. Seine Aufmerksamkeit richtete sich allein auf die Explosion und die Zerstörung. Er reagierte deshalb gar nicht auf Argumente, die für eine gründliche Bewaffnung sprachen. Es gab allerdings auch noch eine andere, vernünftigere Erklärung für seine Haltung in bezug auf den Blitzkrieg und die Rolle, die dieser in seinem Meisterplan spielen sollte. In Kapitel 4 sahen wir, daß die Flexibilität dieses Langzeitplanes eine seiner wesentlichen Eigenschaften war: Die Feinde sollten isoliert und hintereinander angegriffen werden, aber die Reihenfolge der Angriffsziele war austauschbar, wie Hitler im Sommer 1939 so überzeugend demonstriert hatte. Das bedeutete, daß eine gründliche Aufrüstung, die auf der Annahme fußte, daß Deutschland eine spezifische Art des Krieges führen würde, Hitlers Entscheidungsfreiheit beeinträchtigt hätte, da sie jede andere Form der Kriegsführung ausschloß. Daher beantwortete er Ende September 1939 Thomas' Frage nach langfristigen Produktionsplänen dahingehend, daß die Waffenindustrie bereit sein müsse, sich kurzfristig neuen Situationen anzupassen.[23]

Ende August 1940, als Hitler sich noch nicht endgültig entschieden hatte, ob die „Operation Seelöwe" das Risiko wert sei oder ob man sich auf die „Operation Barbarossa" konzentrieren solle, bekam Halder eine ganz ähnliche Antwort: „Das Heer soll für alles bereit sein, ohne daß eine klare Auftragserteilung erfolgt."[24]

In Hitlers Augen war eine breitangelegte Aufrüstung die Antwort, da die Wucht des Blitzkrieges sicherstellte, daß der Krieg kurz sein würde.[25] Diese Rechnung hatte einen Fehler: Die Bedingungen der russischen Front eigneten sich nicht für einen Blitzkrieg. Offiziere, die wie Thomas wagten, darauf hinzuweisen, wurden einfach beschuldigt, Pessimisten zu sein.

Erst als Hitler den Krieg praktisch schon verloren hatte und dadurch in die Defensive gedrängt war, wurden langfristige, vernünftige Prioritäten für die Streitkräfte festgesetzt mit dem Erfolg, daß die Produktion in den betreffenden Gegenden trotz englischer und amerikanischer Luftangriffe stieg. Die früheren Phantastereien hat Thomas skizziert: Ende Januar 1939, als Hitlers Feindschaft gegen England wuchs, erhielt die Produktion für die Marine Vorrang.[26] Im Oktober 1939 wurde die Prioritätenliste der Rüstungsproduktion revidiert und massiv auf Angriff ausgerichtet: Fahrzeuge für das Heer, U-Boote für die Marine und Stukas für die Luftwaffe.[27] Die Entscheidung im Spätsommer 1940, das Heer zu vergrößern, bedeutete eine weitere Veränderung. Allerdings wurde dabei versäumt, der besonderen Belastung der Luftwaffe angemessen Rechnung zu tragen, die nicht nur in der Schlacht über England schwere Verluste hinnehmen mußte, von der außerdem noch erwartet wurde, daß sie ihre Kräfte zwischen der Ostfront und der Westfront aufteile. Das Ergebnis war, daß nur 61 Prozent der gesamten Luftstreitkräfte im Juni 1941 gegen Rußland eingesetzt werden konnten.[28] Von 1939 bis 1941 war die durchschnittliche Monatsproduktion an Jägern von 183 auf nur 224, die von Bombern von 217 auf 336 gestiegen. In diesem entscheidenden Stadium machten die deutschen Hersteller den Fehler, keine neuen Flugzeugtypen zu entwickeln. Professor Milward sieht das so: „Man erwartete nicht, daß der russische Krieg so lange dauern würde, bis auch nur eines der deutschen Flugzeuge veraltet sei."[29]

Dieses übertriebene Selbstvertrauen führte dazu, daß im Februar 1941 der Forschung und Entwicklung die höchste Priorität eingeräumt werden mußte, da deutlich geworden war, daß Deutschland auf Gebieten wie der Radartechnik weit hinterherhinkte. Zum erstenmal wurde auch der Flugabwehr eine gewisse Bedeutung zugemessen.[30] Eine offizielle Schätzung der Luftwaffe besagte, daß die vereinigten englischen und amerikanischen Luftstreitkräfte bis zum Jahre 1943 den Deutschen in einer Relation von 5 : 1 überlegen sein würden.[31]

Für das Versagen, von Grund auf aufzurüsten, sollen hier

zwei klare Beispiele angeführt werden. Der eine Fall: Die Ungewißheit über die Dauer des Krieges und der ständige Wechsel der Prioritäten führten zu einem ernsten Engpaß bei Werkzeugmaschinen, ohne die aber eine rasche Erweiterung der Industrie nicht möglich war. Mitte Januar 1940 gab Göring, der von Thomas auf diesen Mißstand aufmerksam gemacht worden war, schließlich in einem Brief eine Direktive heraus, derzufolge die Produktion von Werkzeugmaschinen „völlig unzureichend" war.[32] Im zweiten Fall hatte die ungenügende Beachtung der Infrastruktur im kritischen Winter 1941/42 schwerwiegendere Folgen. Die Eisenbahn hatte keinen Sprecher, der direkten Zugang zu Hitler hatte, und obwohl das OKW im August 1940 die Notwendigkeit betont hatte, das Bahnsystem zu erweitern, führte die verhängnisvolle Annahme, daß der russische Krieg nur von kurzer Dauer sein werde, dazu, daß nichts getan wurde.[33]

Im Frühjahr 1941, als der Balkanfeldzug mit der Aufstellung für die „Operation Barbarossa" zusammenfiel, kam in einigen Gegenden der Zivilverkehr fast völlig zum Erliegen. Außerdem wurde die industrielle Produktion ernsthaft in Mitleidenschaft gezogen, weil keine Kohle transportiert werden konnte.[34] Im harten Winter 1941/42 sollte es noch schlimmer kommen: Zu der Zeit, als es mißlang, Moskau zu nehmen, stand die Eisenbahn praktisch still. Das führte dazu, daß nur 30 Prozent der höchst lebenswichtigen Waffen- und Munitionslieferungen weitergeleitet werden konnten.[35] Der klassische Fall, wo sich falsche Planung mit übertriebenem Selbstvertrauen paarte, ist das Beispiel der Winterkleidung für das Heer. Abgesehen von der Waffen-SS, deren Bedürfnisse befriedigt worden waren, hatte man nur für ein Fünftel der Truppen im Feld Vorkehrungen für den Winter getroffen, nämlich für die, die die fernen Grenzen besetzen sollten, nachdem der russische Widerstand zusammengebrochen war.[36] Hätte man das gesamte Heer für den Winter ausgestattet, so hätte man Druck auf die Textilindustrie ausüben und die Versorgung der Zivilbevölkerung einschränken müssen. Im August 1941 fand ein gewisses Maß an Realitätsbewußtsein Eingang in die Köpfe der Militärs, und die NSDAP rief zum Winterhilfswerk auf. Dies war eine freiwillige Kleidersammlung. Doch zu diesem Zeitpunkt konnte das Transportsystem die zusätzlichen Belastungen schon nicht mehr bewältigen. Im November versuchten die deutschen Soldaten in den weiten russischen Ebenen, sich mit Kleidungsstücken, die sie von den verachteten Untermenschen erbeutet hatten, gegen die Kälte zu schützen.

Hier eine Reihe der kriegswichtigen Rohstoffe, die das deutsche Reich 1939 zu 50 und mehr Prozent aus dem Ausland beziehen mußte, um seinen Bedarf zu decken: Bauxit, Kupfer, Blei, Nickel, Öl, Gummi und Zinn.[37] Nur die Sicherheit, daß diese und andere Waren — einschließlich Nahrungsmittel — von und über Rußland geliefert wurden, hatte es Hitler erlaubt, sich auf einen Krieg mit den Westmächten einzulassen. Kurzfristig wurde seine Lage durch die Bestände verbessert, die er in den Ländern erbeutete, die er 1940 besetzt hatte. Aber die Rüstungsindustrie eines besetzten Landes konnte nur dann ausgenutzt werden, wenn — wie im Falle Frankreich — Kohle und Öl verfügbar gemacht werden konnten.[38] Hinzu kam noch, daß diese zusätzlichen Mittel durch die Forderungen der Verbündeten wieder aufgezehrt wurden: Da war Italien, das weder einheimisches Öl noch Kohle besaß. Da waren Finnland und Rumänien, die für den bevorstehenden Feldzug gegen Rußland mit Waffen versorgt werden wollten. Selbst die neutrale Türkei konnte hohe Forderungen geltend machen, da Deutschland auf türkisches Chrom angewiesen war.[39]

Der Krieg hatte die ewigen Schwierigkeiten des Reichs, seine Importe zu bezahlen, etwas gemildert. Doch er hatte nicht das Problem gelöst, wie die Exporte mit den dringlichen Forderungen der Inlandsproduktion für die Wehrmacht als auch für den Inlandsmarkt in Einklang zu bringen seien. Wie dem auch sei, es gab ein viel fundamentaleres Problem, dem sich die Wirtschaftsplaner im Spätherbst 1940 gegenübersahen: Wie sollte Deutschland ohne die Rohstoffe, die Rußland auf Grund der bestehenden Abmachungen lieferte,

Rußland erobern? Um zu einer sinnvollen Antwort zu kommen, mußte man nicht nur einen kurzen Krieg voraussetzen, sondern auch bemerkenswerte Erfolge bei der Erbeutung größerer intakter Teile der sowjetischen Industrie. Außerdem mußte man sich der Kooperationsbereitschaft der sowjetischen Industrie- und Landarbeiter versichern. Göring nahm all dies fraglos an, als er Thomas im November 1940 befahl, sich auf einen längeren Krieg einzurichten.[40] Dann fuhr er fort und sprach von der Ausnutzung der sowjetischen Industrieanlagen in der Ukraine.[41] Seine Untersuchungen verursachten Thomas noch schwerere Depressionen, als er ohnedies schon hatte. Er sah, daß das Schlüsselproblem im Transport lag und daß deshalb Öl und Gummi die schwächsten Glieder in der Kette waren. Am 8. Februar 1941 sprach er mit Keitel über diese Versorgungsprobleme. Um die Gummiversorgung zu sichern, diskutierten sie den verzweifelten Ausweg, die Blockade zu brechen.[42] Drei Tage später errechnete er, daß eine reduzierte, ungenügende Gummiproduktion noch acht Monate aufrechterhalten werden könnte, falls es nach Ende März 1941 keine Importe mehr gäbe; danach sei nur noch Buna verfügbar.[43]

Was das Erdöl betraf, so wurden zwei Fünftel des lebensnotwendigen Imports der Deutschen 1940 durch Rußland gedeckt.[44] Thomas errechnete, daß die Wehrmacht mit dem Flugzeugtreibstoff bis zum Herbst 1941 auskommen müsse, daß aber das Benzin für die Fahrzeuge nur bis Mitte August 1941 reichte.[45] Dieser düstere Bericht zwang Göring, einen neuen Lagebericht anzufordern. Das Ergebnis war, daß Thomas auf seiner Ansicht bestand, daß in einem kurzen Krieg der Erfolg davon abhinge, daß eine Zerstörung der Bestände des Feindes vermieden, die Ölförderungsgebiete des Kaukasus unbeschädigt erbeutet und das Transportproblem gelöst würde. Im Falle eines länger andauernden Krieges müßten nicht nur diese Bedingungen erfüllt werden, es sei außerdem notwendig, die Bevölkerung zur Kooperation zu bewegen. Aber selbst wenn all dies gelingen sollte, könne das Problem der Sicherung einer ausreichenden Versorgung mit

Kautschuk, Wolfram, Kupfer, Platin, Zinn, Asbest und Hanf nur durch eine neuerliche Verbindung mit dem Fernen Osten gelöst werden.[46]

Es gab weder einen ernsthaften Versuch, diese Schlußfolgerungen zu erörtern, noch den Invasionsbeschluß neu zu bedenken. Es ist zwar richtig, daß Göring Anfang März mit Thomas über die Möglichkeit sprach, Fallschirmspringertruppen für die Eroberung Bakus einzusetzen, aber als der Generalstab der Luftwaffe zu Rate gezogen wurde, wußte er nichts von diesem Projekt.[47] In jedem Falle hatte Görings Entschluß, diese Elitetruppen bei dem kostspieligen Angriff auf Kreta einzusetzen, ihrer Kampfkraft einen lähmenden Schlag versetzt. Was die Verbindung mit dem Fernen Osten betraf, so folgerte Göring, daß die Transsibirische Eisenbahn mit Hilfe der Japaner wieder eröffnet werden könnte.[48] Aber bis zum 28. Juni 1941, als Ribbentrop — nach Beginn der Invasion — die deutsche Botschaft in Tokio beauftragte, die Japaner für eine „schnelle militärische Aktion gegen die Sowjetunion" zu gewinnen, geschah nichts.[49] Hitler unterstützte die Demarche seines Außenministers erst Mitte Juli. Zu diesem Zeitpunkt hatten die Japaner schon beschlossen, sich nach Süden zu wenden, und außerdem stand eine Umbildung des Kabinetts ohne Matsuoka bevor.

Thomas' Bericht hätte jede verantwortliche Führung dazu veranlaßt, die Angriffspläne aufzugeben, zumindest aber weniger ehrgeizige Ziele zu wählen. Es läßt sich zwar nicht mehr sicher feststellen, ob Hitler den Bericht wirklich gesehen hat, aber einen Punkt, der ihn schon seit Juli 1940 beschäftigte, scheint er registriert zu haben: daß nämlich die deutsche Wehrmacht die russischen Ölfelder erreichen müsse. Das erhöhte sein Interesse an den Aufgaben der Heeresgruppe Süd und verschlimmerte an einem kritischen Punkt des Feldzugs einen Fehler, der schon bei der strategischen Planung gemacht worden war, die nämlich vorsah, daß (um Guderian zu zitieren) „drei ... Heeresgruppen ... mit divergierenden Zielen in die Weite des russischen Raumes vorgehen sollten".[50]

Hitler ließ sich also im Juli 1941 verführen, Truppen vom Vorstoß gegen Moskau abzuziehen. Der Marsch auf die sowjetische Hauptstadt aber wurde nach dem Fall von Kiew am 20. September 1941 zu spät fortgesetzt, um noch Aussicht auf Erfolg zu haben.[51] Göring wäre vor allem dafür verantwortlich gewesen, Hitler auf die wirtschaftlichen Risken, die er da einging, aufmerksam zu machen. Es scheint jedoch, daß er keinerlei Versuch in dieser Richtung unternahm. Nur Ernst von Weizsäcker versuchte in letzter Minute am 28. April 1941 in einem Fernschreiben an Ribbentrop, einige der Konsequenzen deutlich zu machen: „Wäre jede niedergebrannte russische Stadt für uns so viel wert wie ein versenktes Kriegsschiff, dann würde ich den deutsch-russischen Krieg in diesem Sommer befürworten. Ich glaube aber, daß wir gegen Rußland nur militärisch gewinnen, dagegen wirtschaftlich verlieren würden... Daß wir militärisch bis Moskau und darüber hinaus siegreich vordringen, halte ich für selbstverständlich. Ich bezweifle aber durchaus, daß wir das Gewonnene gegen die bekannte passive Resistenz der Slawen ausnützen könnten."[52] Hitler ignorierte alle diese Mahnungen, so wie er auch von Rosenbergs Ansicht keine Notiz nahm, der am 20. Juni 1941 gegenüber seinem Stab bemerkte, daß „es einen Unterschied mache, ob ich nach ein paar Jahren 40 Millionen Menschen für eine freiwillige Kooperation gewinne oder ob hinter jedem Bauern ein Soldat stehen muß".[53] Wie Hitler dafür sorgte, daß Soldaten es nicht nur mit Bauern, sondern auch mit bewaffneten Soldaten zu tun haben sollten, ist das Thema des nächsten Kapitels.

10. Barbarossa: Die politische Planung

In der seltsamen Geschichte von Hitlers Plänen, Rußland zu überfallen, ist nichts Seltsameres als die nahezu völlige Mißachtung der Methoden der politischen und psychologischen Kriegsführung, die er so oft beschrieben, von der er so oft gesprochen und die er seit 1938 erfolgreich gegen andere Feinde angewandt hatte — vielleicht sogar seit 1934, wenn man den mißlungenen Putsch in Österreich im Sommer jenes Jahres mitrechnet. Wenn ein Kapitel in „Mein Kampf“ wirklich von Interesse ist, abgesehen von dem, was das Buch über den Autor selbst enthüllt, so ist es das Kapitel 6, in dem Hitler scharfsinnige Beobachtungen über „Kriegspropaganda“ anstellt. Wir haben verschiedentlich angemerkt, daß der Erste Weltkrieg Hitler tief beeindruckt hat. Er unterzog die deutsche Propaganda einer vernichtenden Kritik und bewunderte die Brillanz der britischen, die „nicht nur unser eigenes Volk anzufressen begann“,[1] sondern auch die Streitkräfte infizierte. Diesen Punkt veranschaulicht er, indem er die antipreußische Propaganda zitiert, mit der die Engländer die bayrischen Truppen, bei denen er diente, beeinflußten. Die November-Revolution schreibt er teilweise der kumulativen Wirkung der Entente-Propaganda zu. Zwar erwähnt er es nicht in „Mein Kampf“, aber er wußte sehr wohl, welche verheerende Wirkung die wichtigste Tat des deutschen Generalstabs in der psychologischen Kriegsführung für Rußland gehabt hatte: nämlich die Rückführung Lenins aus der Schweiz nach Rußland, über die sich Hitler 1921 mit Rosenberg unterhalten hatte.[2]

Aus dieser Kriegserfahrung zog Hitler zwei Schlüsse: Einer betraf die Heimatfront, der andere den Nervenkrieg gegen den Feind. Er war entschlossen, eine Wiederholung des Zusammenbruchs der Heimatfront von 1918 zu verhindern, und darum bemühte er sich — wie wir im vorigen Kapitel sahen — so lange wie möglich, einen annehmbaren Lebensstandard aufrechtzuerhalten.

So schreibt Rauschning über seine Gespräche mit Hitler: „Aber niemals dürfe seine Regierung mit Maßnahmen in Verbindung gebracht werden, die schon einmal das Reich in Umsturz und Elend geführt hätten."[3] Die Ausrottung ideologisch unzuverlässiger und rassisch „unreiner" Elemente würde diese Vorsichtsmaßregel verstärken. Unter den Feinden draußen wollte er Verwirrung und Zwietracht säen, die sich im kritischen Augenblick in Panik verwandeln würde und, wenn möglich, mit Hilfe von Gerüchten, „schwarzen" Rundfunksendungen und anderen ausgeklügelten Subversionstechniken in Unterwerfung. So sagte er zu Rauschning, daß der Krieg von ihm „niemals allein als eine militärische Aktion geführt" werde.[4] „Unsere Strategie ist, den Feind von innen zu vernichten."[5] Das war ein Teil der Blitzkriegstrategie, wie sie bei der Zivilbevölkerung angewandt werden sollte.

Nationale Minderheiten in Feindstaaten waren ein spezielles Ziel der Propaganda: so etwa die Iren in Großbritannien und die Flamen in Belgien. Dabei handelte es sich zwar nicht um eine Neuerfindung des Zweiten Weltkriegs, obwohl die Möglichkeiten des Rundfunks die Ausnutzung solcher Gruppen im Vergleich zum Ersten Weltkrieg wesentlich erleichterte. Der deutsche Generalstab, dessen Fähigkeiten auf dem Gebiet der politischen Kriegsführung Hitler so geringschätzte, hatte die partikularistischen Tendenzen in Rußland wirksam ausgenutzt und früh im Februar 1918 einen separaten Friedensvertrag mit der Ukraine abgeschlossen, nachdem Trotzki sich zunächst geweigert hatte, zu unterschreiben.

Nachdem der Vertrag von Brest-Litowsk schließlich unterzeichnet war, brach die partikularistische Politik der Ukraine zusammen, weil es die Besatzungstruppen unter Generalfeldmarschall von Eichhorn auf das wirtschaftliche Potential der Provinz abgesehen hatten, mit dem Erfolg, „daß sie die Ukraine zurück in die Arme Groß-Rußlands trieben“.[6]

Der Erbe dieser Politik innerhalb der NSDAP war Rosenberg, der Ende der zwanziger Jahre Hitler bekehrt zu haben schien. Es wird berichtet, daß Hitler 1931 Rußland als „ein heterogenes Konglomerat von Völkern, die sich in Sprache und Eigenart unterscheiden“, beschrieben habe.[7] Drei Jahre später beschwor Hitler in einem Gespräch mit Rauschning ein Großdeutsches Reich, das „einen Bund von Hilfsvölkern“ kontrollieren würde, zu denen Polen, die baltischen Staaten, Ungarn, die Balkanstaaten, das Wolgabecken und Georgien gehören sollten.[8] Das gesamte Konzept beruhte offenbar auf der Notwendigkeit, wenigstens ein Mindestmaß an Respekt für die halbautonomen Regionen zu zeigen, deren ethnische und kulturelle Unterschiede für die imperialistischen Ziele der Deutschen genutzt werden sollten.

Eine solche Politik, die die Aufspaltung der UdSSR zum Ziele hatte, war seit 1918 durch die Einführung des Stalinismus sehr viel reizvoller geworden. Zwar war es immer noch möglich, über die Köpfe der moskowitischen „Großrussen“ hinweg an den Partikularismus der Georgier, Kosaken, Tataren und anderen zu appellieren, aber es war auch möglich, die tiefe Unzufriedenheit auszunützen, die Stalins skrupellose Autokratie verursacht hatte. Trotz der scharfen Kontrollen seines Polizeistaates konnten die Liquidierung der Kulaken und die Säuberungen in der Roten Armee der Außenwelt nicht völlig verborgen bleiben. Da die Rote Armee die Mehrzahl ihrer Soldaten aus der Landbevölkerung rekrutierte, mußten solche Maßnahmen die Moral beeinträchtigen. Hitler erhielt die außergewöhnliche Gelegenheit, die politische Kriegsführung gegen die UdSSR anzuwenden. Er hatte die Chance, als Befreier der kleineren Nationalitäten aufzutreten, was seit dem ursprünglichen sowjetischen Selbstbestimmungsdekret vom November 1918 nicht mehr möglich gewesen war. Darüber hinaus hätte er alle Russen von den unbeliebten bolschewistischen Maßnahmen, etwa der Kollektivierung der Landwirtschaft und der gewaltsamen Unterdrückung der Religion, befreien können.

Als Hitler im Juli 1940 zum erstenmal zu den Generalen über die politischen Ziele des Rußlandfeldzugs sprach, erweckte er den Eindruck, daß er einen Ring von untergeordneten Protektoraten schaffen wolle, um so einen Sperrgürtel um Großrußland zu errichten, und zwar entlang der Linien, die er im Gespräch mit Rauschning im Jahre 1934 erwähnt hatte. Die Stabsoffiziere gingen dementsprechend vor. Anfang September 1940 gab Jodl Anweisungen für die Abwehr aus, „ihre Agenten zu benutzen, unter den Völkern der UdSSR den nationalen Widerstand anzuheizen“.[9] Loßberg schrieb in seiner Kriegsstudie: „Sobald die Ukraine besetzt ist, wird sich vermutlich eine ‚Regierung‘ bilden, die unseren Wünschen entspricht. Das wird die Aufgabe erleichtern, das weite, besetzte Gebiet zu überwachen.“[10] Die Abwehr glaubte noch nach Beginn der Invasion Rußlands, daß die separatistische Politik in Kraft sei. Einige Jahre lang hatte sie die Organisation der Ukrainischen Nationalisten (OUN) unterstützt, deren Führung nach dem Zusammenbruch Polens der ukrainische Aktivist Stefan Bandera übernahm, den die Polen ins Gefängnis gesteckt hatten. Ende Juni 1941, kurz nachdem Lemberg in Galizien von den Invasoren genommen worden war, errichtete Bandera mit anderen OUN-Führern dort ein provisorisches Regime. Es wurde von der mit Rom unierten Kirche unterstützt, die dem provinziellen Nationalismus eng verbunden war und in Opposition zur orthodoxen Kirche stand, die ihre geistliche Heimat in Moskau hatte. Auf Anordnung von Berlin wurde das Regime sofort wieder verboten und Bandera ins Reich geschafft.[11] Den ukrainischen Bestrebungen wurde noch ein zweiter schwerer Schlag versetzt, als Galizien im August 1941 der tyrannischen Herrschaft des Generalgouverneurs in Polen unterstellt wurde.

Die Tatsache, daß militärische Kreise weiterhin glaubten, Hitler wolle Slawen gegen Slawen kämpfen lassen, zeigt, wie wenig seine ideologische Haltung selbst von denen, die ihm dienten, verstanden wurde. Es ist zwar richtig, daß er im Januar 1939, als er mit dem Gedanken spielte, mit Polen ein Abkommen zu treffen, die Bemerkung fallen ließ: „Jede polnische Division, die gegen Rußland kämpft, erspart jeweils eine deutsche Division."[12] Aber im Verlauf desselben Jahres hatte seine Politik im besetzten Polen jede Aussicht auf eine solche Möglichkeit ausgeschlossen. Die polnische Bourgoisie, in deren Reihen man Kollaborateure gegen den Bolschewismus hätte finden können, war das bevorzugte Ziel der Völkermordpraktiken der SS. Die Arbeiterklasse war zur Sklavenarbeit verurteilt. Nur die Abwehr profitierte von der Möglichkeit, polnische Agenten gegen die UdSSR einzusetzen.[13] Der Rest der Bevölkerung hatte nur die Wahl zwischen Resistance und gemeiner Unterwerfung. Als sogar Hans Frank im Oktober 1940 darauf hinwies, daß Deportationen und Plünderungen den Lebensnerv des Generalgouvernements träfen, antwortete Hitler, daß ein Überleben der Polen für ihn von keinerlei Interesse sei.[14] Genau dieselbe Haltung nahm er später auch gegenüber dem ukrainischen Volk ein. So sagte er 1942 zu Bormann, den es quälte, auf einer Fahrt durch die Ukraine so viele gesunde Kinder gesehen zu haben: „Wir müßten deshalb unter allen Umständen Vorkehrungsmaßnahmen treffen gegen eine Vermehrung der nichtdeutschen Bevölkerung. Wenn man unter diesen Umständen für die nichtdeutsche Bevölkerung in den besetzten Ostgebieten eine Gesundheitsfürsorge... einrichten würde, wäre das heller Wahnsinn."[15] Erst Anfang Dezember 1940, als die Vorbereitungen für die „Operation Barbarossa" gut vorangekommen und Alternativen ausgeschlossen waren, fing Hitler an, seine Karten aufzudecken und so zu sprechen, daß eine traditionelle Zielsetzung des Krieges nicht mehr möglich erschien. Er wurde deutlicher, als er im März 1941 die geplante Direktive des OKW ablehnte, nach der in den besetzten Gebieten Militärverwaltungen eingesetzt werden sollten, da das Heer die politischen Probleme, die es erwarteten, nicht lösen könne. Sein wahres Motiv zeigte sich aber, als er darauf bestand, daß Himmlers Handlanger für die Liquidierung der „jüdisch-bolschewistischen Intelligenz" und der „bolschewistischen Häuptlinge und Kommissare"[16] verantwortlich sein sollten. Zwei Tage später drückte er sich Halder gegenüber vorsichtiger aus: „. . . das Heer (werde) nicht mit der Verwaltung belastet werden. Sonderauftrag des Reichsführers SS."[17] Aber das Beispiel Polen vor Augen, kann Halder kaum über seine Intentionen im Zweifel gewesen sein. Das OKW revidierte seine Direktive und versuchte, die Ungeheuerlichkeiten, die Hitler befohlen hatte, abzuwenden. Der neue Text erwähnte die Gruppen, die liquidiert werden sollten, nicht ausdrücklich, sondern sprach lediglich von „Sonderaufgaben", die hinter den kämpfenden Linien Himmler zufallen sollten im Zusammenhang mit dem „endgültig auszutragenden Kampf zweier entgegengesetzter politischer Systeme".[18] Das OKH akzeptierte die Direktive so, wie sie von Keitel unterzeichnet war, und General Wagner, der General-Quartiermeister, besprach mit Heydrich die Rolle der „Sonderaufgaben" in zukünftigen Operationsgebieten.[19]

Zu diesem Zeitpunkt scheinen die Offiziere angesichts der geplanten Greuel resigniert zu haben, vorausgesetzt, daß sie nicht direkt darin verstrickt waren. Hitler aber versuchte mit allen Mitteln, sie zu Komplizen seines Verbrechens zu machen. Am 30. März 1941 zerstörte er bei einer Zusammenkunft von über 200 leitenden Offizieren der Wehrmacht alle Illusionen. Er wischte alle normalen Regeln der Kriegsführung, so wie sie in früheren Feldzügen beachtet worden waren, vom Tisch: Nicht nur die schon erwähnten zwei Kategorien von Kommunisten, sondern alle Einheimischen, die sich der Wehrmacht entgegenstellten, sollten auf der Stelle erschossen werden. Es sollte — darauf bestand Hitler — eine Vernichtungsschlacht werden. „Es muß verhindert werden, daß eine neue Intelligenz sich bildet."[20]

Man hätte erwarten können, daß diese Instruktion, die

später in den infamen Kommissarbefehl an die einzelnen Kommandeure Eingang finden sollte, Widerspruch erregt hätte. Unabhängig von humanitären Überlegungen war der Befehl dazu angetan, den Widerstand zu stärken, eine Kollaboration durch die Einwohner auszuschließen und Vergeltungsmaßnahmen gegenüber gefangenen Wehrmachtssoldaten zu provozieren. Es gibt keinen Hinweis darauf, daß auch nur einer auf der Konferenz seine Stimme erhob. Selbst Halder, der gelegentlich, wenn der Führer das Heer geringschätzig behandelte, eine Kritik andeutete, verzeichnet nichts Derartiges in seinem Tagebuch. Sein Bericht über diesen Teil der Konferenz schließt mit der lakonischen Feststellung: „Mittags: gemeinsames Frühstück."[21] Einige der Anwesenden, unter ihnen Bock, ließen sich dadurch beeinflussen, daß die UdSSR die Genfer Konvention nicht unterzeichnet hatte.[22] Fünf Jahre nach Beginn der Invasion nahm Dr. Kempner, ein ehemaliger deutscher Beamter, der vor den Nazis geflüchtet und dem US-Ankläger in Nürnberg zugeteilt worden war, den Generalfeldmarschall von Rundstedt ins Kreuzverhör. Er versuchte, dem Feldmarschall das Geständnis abzuringen, daß er und seine Kollegen Hitler hätten beeinflussen können und nicht wie ein „Korps von Briefträgern" handeln mußten. Kempners Versuch schlug fehl. Selbst nach der Tragödie von 1945 ließ sich von Rundstedt keinen Zentimeter von der klassischen Formulierung der Rolle des „unpolitischen" Soldaten abbringen: „Die politische Seite geht den Offizier nichts an, er tut seine militärische Arbeit, die er von seinen Vorgesetzten bekommt."[23] Die Marschälle und Generale waren von Hitler eingeschüchtert worden. Doch sie waren auch Opfer ihrer eigenen militärischen Tradition.

Dem OKH und dem OKW blieb nichts anderes übrig, als einer Direktive zuzustimmen, die Hitlers Instruktionen aufgenommen hatte. Warlimont gab an, daß er Hitlers Befehl nur zögernd und widerwillig nachgekommen sei, und Wagner erläuterte darüber hinaus, daß eine Weigerung nur dazu geführt hätte, daß SD-Spezialkommandos an die Front gekommen wären und ihre gräßlichen Befehle ausgeführt hätten. Genau zu diesem Zeitpunkt tauchte ein unerwarteter Verbündeter auf: Rosenberg, von dem niemand derartiges erwartet hätte. Unabhängig von anderen hatte er Hitler gegenüber betont, daß russische Beamte für die Zivilverwaltung benötigt würden und daß man sich darauf beschränken sollte, nur die höheren Beamten zu vernichten.[24] Auf dieser Basis wurde der Befehl in den ersten Junitagen ausgegeben. Aber die vorgefertigten Flugblätter, die hinter den Linien der Roten Armee verteilt werden sollten, waren nicht geändert worden. Unmittelbar vor der Invasion geriet eines dieser Flugblätter in die Hände von Wilfried Strik-Strikfeldt, einem ehemaligen zaristischen Offizier, der seit der russischen Revolution in Deutschland Karriere gemacht hatte und als Dolmetscher und Verbindungsoffizier Bocks Hauptquartier zugeteilt war. Er war entsetzt, als er las, daß die russische Zivilbevölkerung aufgefordert wurde, ihren „Befreiern" nicht nur zu helfen, die Kommissare umzubringen, sondern alle Mitglieder der kommunistischen Partei, einschließlich ihrer Jugendorganisation (Komsomol). Ihm war sofort klar, daß das Flugblatt nicht nur fanatischen Widerstand hervorrufen mußte, es hatte darüber hinaus keinerlei Chance, ausgeführt zu werden, so wenig, wie ein russischer Aufruf befolgt worden wäre, der das deutsche Volk aufforderte, zusammen mit russischen Invasoren die Hitler-Jugend niederzumetzeln.[25] Bock stimmte dem zu, und es gelang ihm, Hinweise auf die Partei und den Komsomol aus dem Flugblatt entfernen zu lassen. Da der SD aber seine eigenen Befehle hatte, war diese Änderung — wenn überhaupt — nur kurzfristig wirksam.

Wir haben uns so lange mit dem Kommissarbefehl beschäftigt, weil er schon vor Eintritt in die Schlacht Hitlers Entschluß, einen ideologischen Krieg zu führen, und sei er, militärisch gesehen, zum eigenen Schaden, so deutlich illustriert. Das gleiche wird durch die Tatsache deutlich, daß er bis Ende März 1941 seine Instruktionen für die Zivilverwaltung — mit Ausnahme eines Satzes in der OKW-Direktive —

auf die Liquidierung bestimmter Feindkategorien beschränkte. Die Direktive des OKW hatte die Gebiete hinter den Linien der drei Heeresgruppen spezifiziert (das Baltikum, Weißrußland und die Ukraine) und vorgesehen, daß diese von Reichskommissaren verwaltet würden, die „ihre Richtlinien vom Führer empfangen".[26] Das reichte offensichtlich nicht aus. Hitler ließ Rosenberg kommen und beauftragte ihn, Vorschläge auszuarbeiten. Bevor die Partei an die Macht gekommen war, galt Rosenberg als der führende Ostexperte der NSDAP, aber seitdem hatte er kaum noch eine Rolle gespielt. Seine Ernennung zum Leiter des Amtes für die zentrale Behandlung der Fragen der Ostgebiete[27] im April 1941 hat deshalb die Historiker verwundert. Alexander Dallin ist der Meinung, daß Bormann hinter dieser Entscheidung stand, dem „ein verrückter Ostminister lieber war als ein schlauer..."[28] Er mag verrückt gewesen sein, aber er präsentierte sich wesentlich weniger verrückt als Hitler und Bormann, die auf ihrer antislawischen Politik bestanden, bis es zur Umkehr zu spät war.

Rosenberg war nun zum erstenmal aus der NSDAP-Hierarchie in die des Staates aufgestiegen und schlug vor, daß er als Minister zwischen Hitler und den Reichskommissaren eingeschaltet werde, deren Zahl erst auf sieben erhöht und dann auf vier reduziert wurde: Ostland (das Baltikum), die Ukraine, der Kaukasus und Moskau.[29] Tatsächlich wurden nur für die beiden ersten Gebiete Kommissare ernannt, nämlich die Gauleiter Lohse und Koch. Während die Großrussen in der Moskauer Gegend die ganze Härte der nationalsozialistischen Ideologie zu spüren bekommen sollten, waren die anderen drei Regionen freundlicher zu behandeln, wenn auch nicht einheitlich. Die wesentliche Aufgabe des Ministers sollte sein, die Abstufungen zu sichern, soweit dies mit den wirtschaftlichen Erfordernissen des Reiches vereinbar war. Diese letzte Klausel entsprach zwar durchaus Rosenbergs eigener Anschauung der Dinge, sie stammte aber von Göring, dessen Wirtschaftsstab Ost es einzig um die Ausbeutung der besetzten Gebiete ging und dem es gleichgültig war, daß dies für viele der Einwohner den Tod bedeuten würde.[30] Da auch die Sicherheit aus dem Verantwortungsbereich Rosenbergs ausgeklammert war, war es klar, daß sein Ministerium nicht viel dazu beitragen konnte, das Los der russischen Bevölkerung zu erleichtern, wenn der direkte Ansturm des Blitzkrieges einmal zum Stillstand käme und die Deutschen notwendig zusätzliches Menschenpotential und Material brauchten, um den Krieg weiter in Gang zu halten. Dennoch, der ernsthafte Versuch, auf Rosenbergs Vorschläge einzugehen, verbunden mit einer humanen Behandlung der Zivilbevölkerung und der Kriegsgefangenen — wie im Ersten Weltkrieg —, hätte das Bild von „Hitler dem Befreier" glaubwürdig gemacht. Außerdem hätte sich das in den ersten kritischen Wochen entscheidend auf die sowjetische Resistance auswirken können. Alexander Dallin kommt zu der Schlußfolgerung: „Es gibt kaum einen Zweifel, daß ein geschickter Versuch, die Bevölkerung — Zivilisten wie Militärs — gegen das Sowjetregime einzunehmen, wesentliche und während der ersten Kriegsmonate vielleicht sogar entscheidende Auswirkungen gehabt hätte."[31]

Als Rosenberg seinen Plan ausarbeitete, hatte er keinen Anlaß, zu glauben, daß Hitler überhaupt nicht daran dachte, ihm zu erlauben, diesen Plan in die Tat umzusetzen. Tatsächlich hatte der Führer am 30. März 1941 auf seiner Konferenz mit leitenden Wehrmachtsangehörigen die Errichtung der Protektorate Ostseeländer, Ukraine und Weiß-Rußland erwähnt. Aber er hatte bezeichnenderweise hinzugefügt: „Die neuen Staaten müssen sozialistische Staaten sein, aber ohne eigene Intelligenz."[32] Ein Satellitenstaat, mit dem das Dritte Reich hätte zusammenarbeiten wollen, wäre einer autoritären Persönlichkeit, dem ukrainischen Hetman Paul Skoropadskij von 1918 vergleichbar, unterstellt worden. Die Protektorate sollten sozialistische Regierungen erhalten, nicht weil es ihren Einwohnern entsprochen hätte, sondern weil solche Regierungen in Hitlers Augen so labil und unfähig waren wie die Weimarer Republik. Wie gewöhnlich wollte er Unterwerfung, nicht Kooperation.

Rosenberg scheint diesen entscheidenden Punkt nie begriffen zu haben. Zwei Jahre lang hatte er mit halbem Herzen, aber hartnäckig, versucht, Richtlinien für religiöse Toleranz und die Neuverteilung der Kolchosen einzuführen. Mitte Juli 1941, auf der entscheidenden Konferenz in Angersburg, auf der seine Ernennung zum Minister bestätigt wurde — obwohl erst vier Monate später bekanntgemacht —, sprach er noch immer von Deutschlands traditioneller Mission, den unwissenden Slawen die Kultur zu bringen: „In der Ukraine sollten wir von vornherein der Kultur unsere Aufmerksamkeit schenken. Wir müßten dort das geschichtliche Bewußtsein der Ukrainer wecken, in Kiew eine Universität errichten und ähnliches mehr." Göring meinte dazu lediglich, daß der erste Gedanke der sein müsse, woher man Nahrungsmittel für Deutschland bekomme. Alles andere könne warten.[33] Damit erübrigt es sich, zu sagen, daß Rosenberg nicht nur auf seine Universität verzichten mußte, sondern daß er darüber hinaus die Grundschulen im besetzten Rußland nur mit äußersten Schwierigkeiten vor der Schließung bewahren konnte.

Das war die Ursache seines zweiten fundamentalen Irrtums: Er hatte nicht erkannt, daß es nicht die Rolle des Dritten Reiches im Osten war, Kultur zu bringen, sondern zu verhindern, daß dort jemals wieder Kultur entstehen könnte. Hitlers wahrer Vertreter im Osten war Himmler, nicht Rosenberg, dessen Ernennung als Täuschungsmanöver angesehen werden muß, das die in Sicherheit wiegen sollte, die immer noch glaubten, der russische Krieg werde auf traditionelle Weise für vernünftige Ziele geführt. 1940 hatte der Stab des Reichskommissars für die Festigung des deutschen Volkstums (RKFDV) seine Arbeit am „Generalplan Ost" aufgenommen, der allerdings erst im Mai 1942 Hitler übermittelt wurde.[34] Der Generalplan Ost sah Siedlungen für privilegierte Soldatenbauern vor, die über die einheimische Bevölkerung, die zur Verrichtung der niederen Arbeiten zurückgeblieben war, herrschen sollten. Doch ein Großteil der Einheimischen sollte beseitigt werden: alle Juden, alle Zigeuner und ein Viertel der Russen.[35] Diese sollten durch Volksdeutsche aus Ungarn, Rumänien, Slowenien, Tirol und von sonstwo ersetzt werden, da in Deutschland selbst seit Jahren nur wenig Begeisterung für eine Besiedlung des Ostens zu spüren war.[36] Natürlich wurden die Greueltaten, die da geplant waren, erst nach dem Krieg in ihrem vollen Ausmaß bekannt. Aber das anlaufende Vernichtungsprogramm zeigte die Richtung an. Außerdem sprach sich Himmler gegen die Verteilung „befreiter" Kolchosen an russische Bauern aus, weil große Güter für die befestigten Heimstätten der „Herrenmenschen" reserviert werden müßten.

Ende Juni 1942 grübelte Hitler nach dem Mittagessen in der Wolfsschanze über den bemerkenswerten Kampfgeist der Roten Armee nach: „Sie kämpften wie die Tiere bis zum letzten Atemzug und müssen Mann für Mann erledigt werden." Nichts erinnerte mehr an 1916/17, als „die Russen bei einem Angriff ihre Gewehre umgekehrt in die Gräben steckten und dann die Stellungen räumten".[37] Niemand hatte den Mut, dem Führer zu sagen, daß er und seine politischen Helfershelfer direkt für diesen verstärkten Widerstand verantwortlich waren. Es gibt genügend Beweise, daß die deutsche Wehrmacht zunächst — wie 1917/18 — willkommen war. Einheiten der Roten Armee, die von ihren Hauptverbänden abgeschnitten waren, ergaben sich bereitwillig. Bis Ende Oktober 1941 hatten die Deutschen nicht weniger als zwei Millionen Gefangene gemacht. Allein bei der großen Kesselschlacht von Kiew machten die Deutschen 450.000 Gefangene.[38] Aber man hatte keine angemessenen Vorkehrungen für sie getroffen. Täglich starben 2500 von ihnen in der bitteren Winterkälte. Das veranlaßte Rosenberg, wenn auch nicht aus menschlichen, so doch wenigstens aus politischen Überlegungen, Hitler die Situation zu schildern.[39] Der Führer blieb ungerührt. Seine Haltung war deutlich geworden, als er schon im Juli 1941 entschied, daß Leningrad nicht eingenommen werden, daß vielmehr die Bevölkerung ausgehungert und durch Bombardements ausgerottet werden sollte. Die Russen haben niemals vergessen, daß im

Winter 1941/42 an die 30.000 Menschen in Leningrad vor Hunger und Kälte umgekommen sind. Über drei Millionen Kriegsgefangene starben in deutschen Lagern, mindestens sieben Millionen Zivilisten in Rußland.

In Smolensk erbeuteten die vorrückenden Deutschen die Protokolle des NKWD, darunter Listen der Russen, die im Ersten Weltkrieg in deutscher Gefangenschaft gewesen waren. Diese Leute waren verdächtig, weil sie gut behandelt worden waren und der kommunistischen Propaganda über die „faschistischen Bestien“ nicht glauben wollten.[40] Jetzt waren sie und ihre Familien gezwungen, das anzunehmen, was die Kommissare schon immer gesagt hatten. Das deutsche Versagen, eine klare Trennung zwischen dem antikommunistischen und dem antislawischen Wesen des sogenannten Kreuzzugs zu machen, wurde von Stalin schnell genutzt: Er rief das russische Volk auf, am „Großen Vaterländischen Krieg“ teilzunehmen. Er stiftete neue militärische Orden, die die Namen der Nationalhelden aus früheren Jahrhunderten trugen: Suworow und Kutusow.[41] In Deutschland wurden die Kirchenglocken eingeschmolzen, in Mütterchen Rußland begannen sie wieder zu läuten. Als Stalin im Juli 1941 den Partisanenkrieg hinter den deutschen Linien forderte, begrüßte Hitler das, weil es ihm den Vorwand gab, „jeden, der gegen uns ist, zu vernichten“.[42] Der SD griff schnell zu Vergeltungsmaßnahmen, und die Dorfbewohner fühlten sich bald von zwei Seiten bedroht. Trotzdem war die Aktivität der Partisanen Ende 1941 keineswegs zu einer echten Bedrohung der deutschen Wehrmacht geworden.[43]

Hitler war entschieden gegen Rosenbergs Theorie, die auch von den meisten führenden Militärs unterstützt wurde, daß nämlich Rußland nur mit Hilfe der Slawen besiegt werden könne. Ganz abgesehen von seinen ideologischen Vorurteilen, stand Hitler immer noch unter dem Eindruck der Erfahrung Ludendorffs, der im Ersten Weltkrieg für politische Konzessionen zugunsten Polens gewesen war, in der Hoffnung, eine polnische Legion ausheben zu können.

Diese Hoffnung wurde enttäuscht.[44] Hitler war nun bereit, den Moslems Waffen anzuvertrauen. Bei einer Gelegenheit verwickelt er seinen Stabschef, der sicher Besseres zu tun gehabt hätte, in eine ziemlich wirre Diskussion über die Frage, ob die Georgier ein türkischer Volksstamm seien.[45] Seine Generale, die kein großes Interesse für ethnische und kulturelle Unterscheidung zeigten, brauchten dringend Soldaten, und gegen Ende des Jahres 1941 hatte das Heer nahezu eine Million Hilfswilliger aus den besetzten Ostgebieten in seine Reihen aufgenommen.[46] In dem Maße, in dem die deutschen Verluste zunahmen, wuchs auch die Versuchung, diese Einheiten zu bewaffnen und zur Partisanenbekämpfung einzusetzen. Als Hitler 1943 darauf bestand, diese Einheiten von der Ostfront abzuziehen, dienten über 600.000 Mann unter General Köstring.[47] Erst 1944, als der Mangel an Menschenpotential bedrohlich wurde, konnte Hitler überredet werden, der Bildung einer (antistalinistischen) russischen Befreiungsarmee unter dem russischen Renegaten General Andrej Wlassow zuzustimmen. Die Tatsache, daß trotz der Roheit der „Herrenrasse“ und ihrer Ideologie noch so viel an Kooperation möglich wurde, zeigt, welche entscheidende Rolle eine politische Kriegsführung gespielt hätte, wenn sie zurückhaltend — oder gar einfühlsam — organisiert worden wäre. Kooperation mit der Zivilbevölkerung, zumal in den südlichen Teilen der UdSSR, wäre sicherlich unproblematisch gewesen, wenn Hitler den Deutschen erlaubt hätte, einen echten Befreiungskrieg zu führen an Stelle des skrupellosen Kolonialkrieges, der durch Erich Kochs Denunzierung des ukrainischen Volkes als „weiße Neger“ gekennzeichnet wird.[48] Selbst unter den herrschenden Umständen liefen ganze Gruppen wie die Don-Kosaken, die eine inoffizielle Kosakenzentrale in Berlin hatten, zu den Deutschen über.[49] Noch 1941 rebellierten die Chechen, Ingusch und Karatschais gegen die Sowjetherrschaft, bevor die deutsche Wehrmacht ihre Grenzen erreicht hatte. Der Nordkaukasus, in dessen Gebiet sie siedelten, war in Himmlers Umsiedlungsplänen nicht vorgesehen; außerdem waren sie keine Slawen und gewissen deutschen Vorurteilen weniger ausgesetzt. In der kurzen Zeit der deutschen Besetzung unterstanden sie direkt den Militärs und blieben von den Grausamkeiten der SS verschont[50] — allerdings nicht von den stalinistischen Grausamkeiten. Nach dem Krieg wurden sie zusammen mit den Krimtataren, Kalmücken, Wolgadeutschen und anderen ganzen Volksgruppen der Kollaboration mit dem Feind angeklagt und aus ihrer Heimat deportiert. Zweifellos hätte ein ernsthafter Versuch, ähnlich wie 1918, die Ukraine aus der Sowjetunion herauszulösen, Erfolg haben können, jedenfalls zeitweilig. Statt dessen wurde Gauleiter Fritz Sauckel im Februar 1942 beauftragt, Zwangsarbeiter für das Reich zusammenzutreiben. Das bot dem sadistischen Reichskommissar eine willkommene Chance: Im Oktober 1942 ließ Koch alle weiterführenden Schulen schließen, so daß die Lehrer, auch Frauen und sogar Schüler über 15 in deutsche Arbeitslager verschickt werden konnten.[51]

Nach dem Krieg definierte Manstein Hitlers grundlegenden Fehler zutreffend so: „Während Hitler also strategisch darauf ausgehen wollte, die Sowjetmacht schnell zu zertrümmern, handelte er politisch dieser Strategie diametral entgegen."[52] Aber selbst das ist eine Untertreibung. Man könnte ebensogut sagen, Hitler und Himmler seien Stalins treueste Verbündete gewesen. Der sogenannte Kreuzzug gegen den Bolschewismus, der so weit davon entfernt war, den sowjetischen Diktator zu stürzen, hatte Stalin die Möglichkeit gegeben, sich mit den geheimsten Wünschen des russischen Volkes zu identifizieren — mit dem Gefühl des nationalen Selbstschutzes. So ging er unermeßlich gestärkt aus dem Krieg hervor, und bis zu seinem Tod im Jahre 1953 fuhr er fort, sein Volk der Tyrannei einer Geheimpolizei zu unterwerfen, deren sich Himmler nicht hätte zu schämen brauchen.

11. Ideologien im tödlichen Kampf

Tantum religio potuit suadere malorum — das gilt auch für Ideologien, faschistische wie marxistische, daß in ihrem Namen schreckliche Dinge geschehen sind. In den vergangenen Kapiteln haben wir ausführlich gezeigt, daß Hitlers fixe Idee, Rußland anzugreifen, auf bestimmten rassischen und geschichtlichen Vorurteilen beruhte und daß er seinen Plan nicht aufgab, obwohl es hinreichend Anhaltspunkte gab, daß er das deutsche Volk damit der größten Gefahr aussetzte. Wir haben gezeigt, daß der russische Krieg schließlich nicht so geführt wurde, daß ein Sieg wahrscheinlich und möglich war, sondern entsprechend Hitlers ideologischen Vorurteilen. Wenn unsere Schlußfolgerungen richtig sind, dann ist die Frage nebensächlich, wann Hitler sich entschied, Rußland zu überfallen. Seit dem Zeitpunkt, zu dem er Moskau als das Zentrum der „jüdisch-bolschewistischen Weltverschwörung" betrachtete, wollte Hitler die UdSSR vernichten. Da er aber nicht nur ein Fanatiker, sondern auch Politiker war, wartete er auf den günstigsten Augenblick, um seinen Aggressionsplan auszuführen. Im Sommer 1940 schien es soweit zu sein, nachdem er — früher, als er selbst es erwartet hatte — der Herr Europas geworden war. Wenn er damals bezüglich des Nachschubs für eine Invasion Englands vorbereitet gewesen wäre, oder wenn England ihm die Mühe erspart und kapituliert hätte, hätte er sich mit weitaus größeren Erfolgsaussichten und vermutlich mit stärkerer

Unterstützung von seiten seiner leitenden Stabsoffiziere auf seinen Ostfeldzug konzentrieren können. Da aber alle diese Voraussetzungen nicht gegeben waren, schuf Hitler einen Ausgleich, indem er zunächst versuchte, sich selbst und seine Umgebung zu überzeugen, daß England im Grunde schon besiegt und daß der Feldzug in Rußland schnell beendet sei, noch bevor England — mit amerikanischer Hilfe — wieder auf die Beine komme.

Wir sahen, wie Hitler versucht hat, seine Entscheidung zu rechtfertigen, besonders vor denen, die daran zweifelten, ob es eine weise Entscheidung sei. Dabei benutzte er geradezu unvereinbare Argumente, die aber zu demselben Schluß führten, daß es günstig sei, bald in Rußland einzumarschieren. Einmal behauptete er, Deutschland müsse Rußlands Schwäche ausnützen, da so ein schneller und relativ einfacher Sieg zu erringen sei. Ein anderes Mal meinte er, Rußlands potentielle Stärke sei so ungeheuer groß, daß es Deutschland vernichten werde, wenn es nicht selbst sofort angegriffen und vernichtet würde. Nach Beginn des Feldzuges war von dem ersten Argument, trotz der sensationellen Erfolge der ersten Wochen, nicht mehr die Rede. Als dann die Schwierigkeiten des Feldzugs größer wurden, wurde aus dem zweiten Argument die Behauptung: Hitler sei gezwungen gewesen, einen Präventivkrieg zu führen, um das deutsche Volk vor einem schlimmeren Schicksal zu bewahren. Er habe die ganze Zeit schon gewußt, auch wenn er es nicht zugegeben habe, daß die Invasion ein Wagnis war. Schon sehr bald nach Beginn des Feldzugs ging ihm auf, daß seine Erfolgsaussichten sehr viel geringer waren, als er angenommen hatte.

In diesem Lichte sollte man den Bericht über Hitlers Unterhaltung mit Oshima am 14. Juli 1941 lesen. Nicht einmal eine Woche nach Beginn der Invasion schickte Ribbentrop zwei Telegramme an Ott mit der Maßgabe, die Japaner zu „einem baldigen Krieg gegen die Sowjetunion“[1] zu bewegen. Am 1. Juli 1941 ließ er eine persönliche Botschaft an Matsuoka folgen, in der er nachdrücklich betonte: „Das Gebot der Stunde ist für die japanische Armee, so bald wie möglich Wladiwostok zu erobern und möglichst weit nach Westen vorzudringen."[2] Mit anderen Worten, er erkannte, daß Deutschland sich nun doch auf einen langen Krieg einstellen mußte. Hitler habe ihn deshalb scharf getadelt, schrieb er nach dem Krieg.[3] Aber nur zwei Wochen später gab Hitler selbst Oshima zu verstehen, daß die Stunde der japanischen Intervention geschlagen habe. Deutschland und Japan müßten sich vereinen und die UdSSR und die USA vernichten, sagte er. Natürlich brauche er keine japanische Hilfe. In Japans eigenem Interesse spreche er nur so zu Oshima, denn nur die Ausschaltung der UdSSR könne die USA aus dem Krieg heraushalten. Das war die Abwandlung des Arguments, daß Rußland zerstört werden müsse, damit England die Notwendigkeit der Kapitulation einsehe. Hitler betonte, daß „die russische Armee in weiten Bereichen schon geschlagen" sei. Aber er gab auch zu, daß die Wehrmacht „eine Reihe großer Überraschungen" erlebt habe, einschließlich riesiger Tanks.[4] Bereits in Kapitel 7 sahen wir, daß seine Worte auf taube Ohren stießen.

Eine Woche später empfing Hitler „Marschall" Kvaternik, den Marionettendiktator Kroatiens, dem er die wirtschaftliche Version des Präventivkrieges erzählte: „Die Pläne des Kreml waren nicht klar. Im Herbst hätten die Bolschewiken zunächst die rumänischen Ölfelder besetzt und uns den Ölhahn abgedreht, ohne daß wir in der Lage gewesen wären, etwas dagegen zu tun. Zur gleichen Zeit hätten sie Finnland angegriffen und uns vom Nickel abgeschnitten ..."[5] Allmählich nahm die Legende vom Präventivkrieg Gestalt an, ähnlich wie die Dolchstoßlegende nach dem Ersten Weltkrieg. Am 3. Oktober 1941, als Hitler zwar noch behauptete, daß der Krieg gewonnen sei, aber gleichzeitig zum Winterhilfswerk für die Wehrmacht an der russischen Front aufrief, sagte er, seine Entscheidung anzugreifen sei „der schwerste Entschluß meines ganzen bisherigen Lebens" gewesen. Aber es habe keinen anderen Ausweg gegeben: „Die Lage war bereits im Mai so verdüstert, daß es keinen Zweifel mehr darüber geben konnte, daß Rußland die Absicht hatte, bei der ersten Gelegenheit über uns herzufallen."[6] Hitler wußte sehr wohl, daß er damit die Tatsachen auf den Kopf stellte. Er mußte sich nicht einmal auf Stalins unbeholfene Geste gegenüber der deutschen Botschaft in Moskau stützen oder auf das beruhigende antiwestliche TASS-Kommuniqué vom 14. Juni 1941, das in der reichsdeutschen Presse nicht veröffentlicht werden durfte.[7] Hitler, der dubiose Informationsquellen bevorzugte, hatte einen besseren Beweis: Zu einem bestimmten Zeitpunkt vor der Invasion hatten die Deutschen Zugang zu gewissen Telegrammen, die den sowjetischen Missionen im Fernen Osten die Richtlinien der laufenden Sowjetpolitik übermittelten. Am 7. Mai 1941 wurde diesen Missionen mitgeteilt, daß die UdSSR Spannungen mit Deutschland im Zusammenhang mit der Türkei und Nahost vermeiden wolle. Am 11. Mai wurde ihnen mitgeteilt, daß die Sowjets daran dächten, mit Deutschland und Italien die Interessensphären zu teilen — ein klarer Beweis dafür, daß Stalin die Hoffnung noch nicht aufgegeben hatte, daß die im November 1940 von Molotow begonnenen Verhandlungen bald wieder aufgenommen würden. Bei näherer Überlegung mag diese Information reichlich dürftig erscheinen, weil ihr zehn Tage später ein weiteres Telegramm folgte, in dem erklärt wurde, daß die UdSSR keinerlei Sympathien für Deutschlands und Japans Imperialismus hege, ihn aber benutze, um den Imperialismus Englands und Amerikas zu zerstören. In Übereinstimmung mit dieser Richtlinie wurde am 3. Juni 1941 ein weiteres Telegramm abgeschickt, das eine Verschlechterung der Beziehungen zu den beiden angelsächsischen Ländern voraussagte und auf die Notwendigkeit hinwies, dort Unruhe zu schüren.[8] Hitler mußte gewußt haben, daß die Angelsachsen Stalins Hauptfeinde waren, ganz gleich, ob das auch für ihn zutraf oder nicht. Auch der sowjetische Diktator hatte Prioritäten in seinem Stufenplan gesetzt. Es war das Unglück des russischen Volkes, daß er seine Prioritäten falsch gesetzt hatte.

Westliche Historiker haben Hitlers Version vom Präventivkrieg nie akzeptiert. Allerdings näherten sich einige gefährlich einem Punkt — vermutlich unter dem Eindruck der Geschwindigkeit, mit der sich die UdSSR später zu einer Supermacht neben den USA entwickelte —, an dem sie die Logik der Hitlerschen Behauptung anerkannten, daß das Reich Gefahr lief, umzingelt zu werden. (Eine ähnliche Behauptung wurde von deutschen Chauvinisten bezüglich des Ersten Weltkrieges bemüht.)

Der einzige deutsche Generalstabsoffizier, der es auf sich genommen hat, Hitlers Beurteilung der Lage zu verteidigen, ist General Reinhard Gehlen, der nach dem Krieg mit amerikanischer Hilfe den westdeutschen Nachrichtendienst aufbaute und leitete. Bis 1940 war Gehlen Halders Adjutant, und im April 1942 folgte er Kinzel als Chef der Abteilung „Fremde Heere Ost". Er sieht Hitlers Entscheidung als „korrekt" und tatsächlich „unvermeidlich" an, da Stalin vielleicht „bis 1943 oder 1944 gewartet hätte, aber . . . früher oder später hätte er uns angegriffen".[9] Paulus zitierte Kinzel dahingehend, daß „uns keinerlei Vorbereitungen für einen Angriff durch die Sowjetunion zur Kenntnis" gekommen sind.[10] Guderians Ansicht war, nachdem er am Vorabend der Invasion Hitlers Ansprache an die Kommandeure gehört hatte: „Seine eingehenden Darlegungen über die Gründe, die ihn zum Präventivkrieg gegen Rußland geführt hatten, waren nicht überzeugend."[11] Nach Rundstedts Nachkriegsbiographie war er der Auffassung, daß, wenn „die Russen Deutschland angreifen wollten, dann hätten sie es getan . . . als die gesamte deutsche Wehrmacht im Westen gebunden war".[12] Manstein gibt zwar zu, daß „die Gliederung der sowjetischen Kräfte nicht für unmittelbare Angriffsabsichten" sprach, er betont aber, daß der sowjetische Aufmarsch „tatsächlich . . . eine latente Drohung" darstellte.[13] Es ist aber zweierlei, ob man eine latente Bedrohung beseitigt — oder aber einen Präventivkrieg führt. Die Invasion Rußlands war ein Angriffskrieg, daran führt kein Weg vorbei.

Es muß allerdings noch eine Frage beantwortet werden, die jeder stellen wird, der unseren Schlußfolgerungen bis hierher gefolgt ist. Wenn Hitler seinen Feind so gefährlich unterschätzt hat und wenn seine militärische, ökonomische und politische Planung so fehlerhaft war, wie konnte es dann geschehen, daß sein Unternehmen beinahe Erfolg gehabt hätte? Einen Teil der Antwort gibt Deutschland: Die Wehrmacht war ein großartiger Apparat, auf allen Ebenen unterhalb der obersten Spitze gut geführt. Sie bestand aus kampfgestählten, selbstbewußten Soldaten, die mit allem ausgerüstet waren, was ein Blitzkrieg erforderte, den die Deutschen erfunden und mit großer Geschicklichkeit praktiziert hatten — seit 1939. Aber der andere Teil der Antwort ist in Rußland zu suchen, wo Stalin so krankhaft herrschsüchtig, kritikfeindlich und ideologiebesessen war wie Hitler in Deutschland. Wollte man diese Behauptung ausführlich dokumentarisch belegen, so bedürfte es nicht nur eines weiteren Buches, sondern man müßte in einem Ausmaß, das der Fülle der eroberten deutschen Dokumente entspräche, Zugang zu sowjetischen Archiven haben. Statt dessen haben wir nur die wenigen Bücher, die in den kurzen Jahren nach Chruschtschows Entstalinisierungsrede von 1956 freigegeben wurden. Aber dies reicht aus, das harte Urteil eines sowjetischen Historikers über Stalin zu bestätigen: „Hier stellte sich ein Führer dar, der seinen Glauben an historische Zwänge bekannte, der sich selbst als Urheber von Geschichte ansah, der versuchte, den unerbittlichen Konsequenzen der Ereignisse zu entgehen, sich der Geschichte, so wie sie war, durch erbärmliche Gesten, leere Worte und offenkundigen Selbstbetrug zu entziehen.“[14]

Stalin und die unterwürfigen Ideologen, die er in seiner Umgebung duldete, haben die Demagogie des Nationalsozialismus niemals begriffen. Für sie war der „Nationalfaschismus“ einfach eine extreme Erscheinung des „Monopolkapitalismus“. Der Marxismus-Leninismus hatte sie gelehrt, daß der Kapitalismus sich durch seine inneren Widersprüche selbst zerstören werde. Sie mußten nur auf die Outlinien des Kampffeldes achten und diskret die gegenseitige Selbstzerstörung der faschistischen Diktatoren auf der einen und der westlichen Demokratien auf der anderen Seite unterstützen.

Stalins Fehler war, daß er Hitler half, weil er den Konflikt verlängern wollte und glaubte, daß die Demokratien — wie er im März 1939 sagte — „sowohl wirtschaftlich als auch militärisch... unzweifelhaft stärker seien als die faschistischen Staaten".[15] Stalin, der von der Vorstellung seiner eigenen Unfehlbarkeit besessen war, hätte niemals zugegeben, daß er einen Fehler gemacht hatte, nachdem er sich 1939 für immer dieser Politik verschrieben hatte. Hätte er 1941 zugegeben, daß Deutschland einen Angriff auf die UdSSR plane, dann wäre es falsch gewesen, daß er 1939 Hitler die Hand gereicht und danach dessen Kriegsmaschinerie in so großem Ausmaße mit Treibstoff versehen hatte. 1965 sprach General Kurochkin von Stalins „großem Fehler, den er vor dem Krieg gemacht habe... in der Auswertung der militärischen Situation, ihrer militärischen und politischen Aspekte... Diese Fehlkalkulation war primär dafür verantwortlich, daß die sowjetischen Streitkräfte nicht vorbereitet waren..."[16]

Als Stalin sich am 3. Juli 1941 rechtfertigte, erinnerte das an Neville Chamberlains Entschuldigung für München: Er hatte Zeit gewonnen. „Wir sicherten unserem Land für eineinhalb Jahre Frieden und die Möglichkeit, unsere Streitkräfte vorzubereiten."[17] Diese Behauptung war in zweierlei Hinsicht irreführend. Zunächst unterstellte sie, daß Hitler in derselben Zeit relativ passiv gewesen wäre, wohingegen er in Wirklichkeit sehr viel stärker wurde, zum Teil auf Grund der wirtschaftlichen Unterstützung durch die Sowjets. Zum zweiten unterstellte Stalin, daß er die gewonnene Zeit gut genutzt habe. Das war nicht der Fall. Obwohl er von vielen Seiten gewarnt worden war, war die UdSSR bei Beginn der Invasion im Juni 1941 sowohl militärisch als auch wirtschaftlich unzureichend gerüstet. Doch selbst wenn wir Stalins dubioses Argument akzeptieren, daß die militärische Mobilmachung für Hitler provokatorisch gewesen sei, so ist Stalins Versäumnis, die Industrie auf die Bedürfnisse eines Krieges umzustellen und die Kriegsindustrie von Leningrad, Moskau und Charkow in weniger exponierte Gegenden umzusiedeln, durch nichts zu entschuldigen. Selbst zu Stalins Lebzeiten wurde schließlich zugegeben, daß die wirtschaftliche Planung für das dritte Viertel des Jahres 1941 auf der Annahme basierte, daß weiterhin Friede sein werde.[18]

Stalin hielt entschlossen an dem Glauben fest, daß Hitler ihn nicht angreifen werde, deshalb ignorierte er die Berichte seiner eigenen und ausländischer Nachrichtendienste. Er ging sogar so weit, augenfällige Beweise, wie die ständig zunehmenden Aufklärungsflüge der Luftwaffe, zu verwerfen. Mitte März fing die Rote Luftwaffe an, einige deutsche Flugzeuge, die in ihren Hoheitsraum eingedrungen waren, herunterzuholen. Aber Stalin untersagte dann jeglichen Feuerbefehl.[19] Ein Spezialschwadron von Heinkelmaschinen machte weiterhin Luftaufnahmen über sowjetischem Hoheitsgebiet, unbeeindruckt von diplomatischen Protesten. Am Tag vor der Invasion beklagte sich Molotow bei von der Schulenburg über nicht weniger als 200 Verletzungen des sowjetischen Luftraumes.[20] Die 800 Flugzeuge der sowjetischen Luftstreitkräfte, die am ersten Tag des Krieges am Boden zerstört worden waren, wurden Stalins Halsstarrigkeit und Stolz geopfert. Der Roten Armee erging es nicht besser. Sie hatte, wie Erickson formuliert, „etwa 180 Minuten Zeit, sich darauf vorzubereiten, auf den gewaltigsten Kriegsapparat der Welt zu treffen“.[21]

Stalins Furchtsamkeit ist wohl darauf zurückzuführen, daß er glaubte, durch eine Mobilmachung Rußlands den Ersten Weltkrieg wieder heraufzubeschwören. Dazu paßte aber schlecht die kriegerische Betonung der Offensivbereitschaft. Nahe der Grenze waren Munitionslager eingerichtet, und die Truppen in den vorderen Linien waren so aufgestellt, daß es für die deutsche Taktik — durchbrechen oder umzingeln — geradezu ideal war.[22] John Erickson stellt fest: „Es war kein Plan für den strategischen Rückzug erkennbar.“[23] Wie dem auch sei, die Befestigungsanlagen entlang der alten Grenze, die vom Peipus-See nach Süden zur Dwina und zum Dnjepr verlief, wurden gerade geschliffen, „während die Bauarbeiten an der neuen Grenze im Schneckentempo vorankamen".[24] Bei der Roten Luftwaffe drückte sich der offensive Geist in einer konzentrierten Bomberproduktion aus.[25]

Die schwere Last der Ideologie hatte nicht nur die normalen Kräfte der Vorsorge ausgeschaltet, sie hatte darüber hinaus die Moral des sowjetischen Militärapparates ernstlich geschwächt. Im Kapitel 8 sprachen wir von Stalins Säuberung der Streitkräfte, die die Rote Armee vieler ihrer besten Köpfe und jeglichen selbständigen Denkens beraubt hatte. Die Verfolgungen wurden bis zum Vorabend der Invasion fortgesetzt, und einige Offiziere, wie der spätere Marschall Rokossowskij, wurden aus der Haft entlassen und schnurstracks an die Front geschickt. Ein sowjetischer Marschall, der überlebt hat, beschreibt die Lage folgendermaßen: „Zu jener Zeit waren alle Bereiche unseres Lebens, einschließlich des militärischen, zu stark vom Geist des Personenkults bestimmt, der die Initiative der Leute hemmte, ihren Willen erstickte und bei einigen zur Verantwortungslosigkeit, bei anderen zu Unbeweglichkeit führte."[26] 1935 hatte Stalin sich Hitlers Beispiel zu eigen gemacht und NKWD-Militäreinheiten geschaffen. Zwei Jahre später erhielten dann politische Kommissare den gleichen Rang wie Kommandeure. Diese Maßnahme wurde im August 1940 wieder aufgehoben, um jedoch Mitte 1941 wieder eingeführt zu werden.[27] Einen besonders unheilvollen Einfluß übte Kulik aus, ein Scharfmacher der kommunistischen Partei, der stellvertretender Verteidigungskommissar wurde. Noch im Januar 1941 verteidigte Kulik den Gebrauch von Pferden gegen den von Tanks. Die Fehlentscheidung, die Tank-Korps aufzulösen und die Tanks auf Infanterieeinheiten zu verteilen, wurde erst im März 1941 aufgehoben.[28] Als Stalin am 30. Juni 1941, reichlich verspätet, ein fünfköpfiges Staatsverteidigungskomitee bildete, gehörte diesem nur ein Vertreter des Militärs an: Woroschilow, der im finnischen Krieg seine Unfähigkeit schon hinreichend bewiesen hatte und dabei war, dasselbe bei der Verteidigung Leningrads zu tun. Die anderen Mitglieder des Komitees waren neben Molotow der

Parteibürokrat Malenkow und der Polizeichef Berija. Erst die schrecklichen Niederlagen, die die Wehrmacht Stalin zufügte, zwangen ihn später, wirklich talentierten Militärs wie Schukow, Wassilewskij und Rokossowskij mehr Verantwortung zu übertragen.

Innerhalb der sowjetischen Grenzen hatte Stalin eine ideologische Welt geschaffen, die in sich selbst geschlossen und nur seinem Willen verantwortlich zu sein schien. Am 22. Juni 1941 aber bahnten sich plötzlich die Realitäten von draußen ihren Weg in diese Welt. Der Schock führte zunächst einen Zustand herbei, der einem Starrkrampfanfall durchaus ähnlich war. Tagelang wollte der Diktator keinen Menschen sehen, und seine künstliche Welt flog ihm in Fetzen um die Ohren. Endlich, am 3. Juli 1941, setzte er sich vor das Mikrophon und erklärte den „Großen Vaterländischen Krieg". Mit Ideologie waren die zukünftigen Schlachten nicht zu gewinnen. Allein der Aufruf, „Mütterchen Rußland" zu retten, konnte jetzt noch helfen. In einer Rede am 6. November 1941 beschwor Stalin „die mannhaften Bilder unserer großen Vorfahren — Alexander Newsky, Dimitrij Donsky, Kusma Minin, Dimitrij Posarsky, Alexander Suworow und Michail Kutusow ..." Heilige, Großfürsten und zaristische Generale wurden angerufen, das Land zu retten, das durch Ideologie und Stalinismus an den Rand des Abgrunds getrieben worden war.[29] Wie zwei gigantische Roboter aus einer Science-fiction-Geschichte standen sich die beiden Diktatoren in den Weiten Rußlands gegenüber. Nach und nach gewann der stärkere der beiden die Oberhand. Als der ungeheuerliche Kampf im Führerbunker in Berlin endete, waren 20 Millionen russische Soldaten und Zivilisten umgekommen, das Kräftegleichgewicht in Europa war irreparabel zerstört, und die Herrschaft der beiden Supermächte hatte begonnen.

Nachwort

Dank der Bemühungen von Professor H. A. Jacobsen, der die Kriegstagebücher des OKH und des OKW herausgegeben hat, haben wir eine ungewöhnlich vollständige Darstellung dessen, was tatsächlich in der kritischen Zeit gesagt wurde, als Hitler sich entschloß, die UdSSR zu überfallen. Außerdem haben mehrere seiner führenden Offiziere nach dem Krieg ihre Ansichten aufgezeichnet. Die Schwierigkeit bleibt bestehen, daß alle diese Zeugnisse interpretiert werden müssen. Die Soldaten vertraten klare Interessen in den Nachkriegsprozessen. Es war nur folgerichtig, daß sie sich selbst rechtfertigten und Hitler die Schuld gaben. Zuverlässiger ist das Nachkriegszeugnis jenes Beamten, der von 1939 bis 1943 das Kriegstagebuch des OKW führte, Helmuth Greiner.

Die Lage des Historikers wird noch dadurch erschwert, daß es zwar sehr viele authentische Berichte über das gibt, was Hitler bei allen möglichen Gelegenheiten gesagt hat, daß seine Bemerkungen aber nur selten für bare Münze genommen werden können. Jede Äußerung Hitlers muß in ihrem Kontext gesehen und ausgewertet werden, denn er war sich seiner historischen Rolle sehr wohl bewußt und verteidigte sie ständig vor irgendeinem zukünftigen Gericht der Weltmeinung. Außerdem kannte er keine Skrupel, wenn es ihm darum ging, seine Gesprächspartner zu überzeugen oder einzuschüchtern. Zwei wichtige Züge seiner Kriegspolitik sind jedoch überzeugend erklärt worden. Einmal sein Konzept vom Blitzkrieg, das Prof. A. S. Milward, der sich weitgehend auf Speer bezieht, und Dr. B. A. Carroll, der sich hauptsächlich auf General Georg Thomas stützt, großartig analysiert haben. Zum anderen ist ein Hauptstrang der Hitlerschen Kriegspolitik sein Stufenplan, der eng mit dem Blitzkrieg zusammenhängt, wie Prof. A. Hillgruber so beeindruckend in seinem Buch „Hitlers Strategie, Politik und Kriegsführung" erläutert.

All diesen Autoren möchte der Autor des vorliegenden Buches für ihre Arbeit danken.

Anmerkungen

ZU KAPITEL 1

[1] W. A. Boelcke, Wollt ihr den totalen Krieg? Stuttgart 1967, 183.
[2] G. Reitlinger, Ein Haus auf Sand gebaut, Hamburg 1962, 9.
[3] F. Genoud (Hrsg.), The Testament of A. Hitler, London 1961, 107.
[4] H. Schreiber, Teuton and Slav, London 1965, 40f.
[5] E. Wiskemann, Germany's Eastern Neighbours, London 1956, 11ff.
[6] H. Rauschning, Gespräche mit Hitler, Zürich 1940, 129.
[7] Wiskemann a.a.O. 12f.
[8] Schreiber a.a.O. 304.
[9] H. C. Meyer, Mitteleuropa, Den Haag 1955, 31.
[10] Ibid., 272.
[11] H. Heiber, Der Generalplan Ost, VfZg, München 1958.
[12] Schreiber a.a.O. 319.
[13] A. Hillgruber, Deutschlands Rolle in der Vorgeschichte der beiden Weltkriege, Göttingen 1967, 25.
[14] J. Wheeler-Bennet, The Forgotten Peace, New York 1939, 244.
[15] Ibid., 326.
[16] H. Schulze, Der Oststaaten-Plan, VfZg, München 1970.
[17] G. Freund, Unholy Alliance, London 1957, 39.
[18] W. Görlitz, Der deutsche Generalstab, Frankfurt/Main 1950, 343.
[19] T. Vogelsang, Hitlers Brief an Reichenau, VfZg, München 1959.

ZU KAPITEL 2

[1] International Military Tribunal, Bd. IX, 400.
[2] H. Härtle, Großdeutschland. Traum und Tragödie, München 1970, 269.
[3] A. Hillgruber, Hitlers Strategie, Politik und Kriegsführung, Frankfurt 1965.
[4] Hitlers Zweites Buch. Eingel. und komm. v. G. L. Weinberg, Stuttgart 1961.
[5] Rauschning a.a.O.
[6] A. Speer, Erinnerungen, Berlin 1969.
[7] H. Picker, Hitlers Tischgespräche im Führerhauptquartier 1941—1942, Stuttgart 1963.
[8] H. Heiber (Hrsg.), Hitlers Lagebesprechungen, Stuttgart 1962.
[9] Hitlers Zweites Buch a.a.O. 47.
[10] A. Hitler, Mein Kampf, München 1933, 149.
[11] Ibid. 135.

12 N. Baynes, Hitler's Speaches, Oxford 1942, Bd. I, 400.
13 Hitler a.a.O. 151.
14 Ibid. 430.
15 Ibid. 154.
16 Ibid. 742.
17 H. Heiber, Das Tagebuch von Joseph Goebbels 1925/26, Stuttgart o.J., Eintragungen vom 15. 2. 1926.
18 N. Cohn, Warrant for Genocide, London 1967, 120ff.
19 R. Cecil, Myth of the Master Race, London 1972, 20.
20 D. Eckart, Bolschewismus von Moses bis Lenin, München 1924.
21 Hitlers Zweites Buch a.a.O. 158.
22 Hitler a.a.O. 742.
23 W. Darré, Das Bauerntum als Urquell der nordischen Rasse, München 1929.
24 R. L. Koehl, RKFDV: German Resettlement Policy, Harvard 1957, 148ff.
25 W. Hofer, Der Nationalsozialismus — Dokumente 1933—1945, Frankfurt 1957, 250.

ZU KAPITEL 3

1 Hitler a.a.O. 306.
2 Ibid. 249.
3 Hitlers Zweites Buch a.a.O. 111.
4 Hofer a.a.O. 180f.
5 Rauschning a.a.O. 143f.
6 IMT Bd. XXXII, 3704-PS.
7 Görlitz a.a.O. 405.
8 J. Wheeler-Bennett, The Nemesis of Power, London 1953, 329.
9 DGFP, Series D, Bd. I, 29.
10 W. Carr, Arms, Autarky and Aggression, London 1972, 73.
11 Görlitz a.a.O. 409.
12 W. Warlimont, Im Hauptquartier der deutschen Wehrmacht, Frankfurt/Main 1964, 25.
13 Görlitz a.a.O. 428.
14 Rauschning a.a.O. 16.
15 H. Guderian, Erinnerungen eines Soldaten, Neckargemünd 1960, 78.
16 Ibid. 42.
17 Warlimont a.a.O. 31.
18 IMT, Bd. XV, 358.
19 Rauschning a.a.O. 9.
20 Hitler a.a.O. 748.
21 Guderian a.a.O. 23f.
22 Z. K. Brezinski, Ideology and Power in Soviet Politics, London 1962, 5.
23 R. Kippling, „The Benefactors" in The Year Between, London 1919.
24 Guderian a.a.O. 222.
25 E. v. Manstein, Verlorene Siege, Bonn 1955, 308.
26 Ibid. 307.
27 F. Halder, Hitler als Feldherr, München 1949, 8.
28 v. Manstein a.a.O. 306.
29 Halder a.a.O. 22.
30 F. Halder, Kriegstagebuch, Stuttgart 1963, Bd. II, 422.
31 v. Manstein a.a.O. 305.
32 Aus einem Brief von A. Speer an den Autor, geschrieben am 8. Mai 1973.

[33] U. v. Hassell, Vom anderen Deutschland, Zürich 1946, 144.
[34] W. A. Boelcke, Deutschlands Rüstung im Zweiten Weltkrieg, Frankfurt/Main 1969, 137.
[35] Speer, Erinnerungen a.a.O. 242.
[36] Picker a.a.O. Eintragungen vom 25. 1., 21. 2. und 28. 4. 1942.

ZU KAPITEL 4

[1] A. v. Ribbentrop (Hrsg.), The Ribbentrop Memoirs, London 1954, 101.
[2] G. Hilger/A. Meyer, The Incompatible Allies, New York 1953, 297.
[3] K. Hildebrand, The Foreign Policy of the Third Reich, London 1973, 83 ff.
[4] H. C. Deutsch, Conspiracy against Hitler in the Twilight War, Minneapolis 1968, 32.
[5] DGFP, Series D, Bd. VI, 574.
[6] A. Kesselring, Soldat bis zum letzten Tag, Bonn 1953, 54.
[7] DGFP, Series D, Bd. VII, 200.
[8] Warlimont a.a.O. 48.
[9] H. G. Seraphim (Hrsg.), Das politische Tagebuch Alfred Rosenbergs, Göttingen 1956, 76.
[10] Seraphim a.a.O. 82.
[11] Koehl a.a.O. 85.
[12] Seraphim a.a.O. 81.
[13] DGFP, Series D, Bd. VII, 200.
[14] B. A. Carroll, Design for Total War, Den Haag 1968, 177.
[15] Hitler a.a.O. 157.
[16] G. Thomas, Geschichte der deutschen Wehr- und Rüstungswirtschaft, Boppard 1966, 132.
[17] DGFP, Third Series, Bd. IV, 425.
[18] A. Rossi, The Russo-German Alliance, London 1950, 110.
[19] Ibid. 109f.
[20] H. Greiner, Die oberste Wehrmachtsführung, Wiesbaden 1951, 54.
[21] Guderian a.a.O. 78.
[22] v. Manstein a.a.O. 55.
[23] Ibid. 84f.
[24] Greiner a.a.O. 59—67.
[25] v. Manstein a.a.O. 67.
[26] B. A. Leach, German Strategy against Russia, Oxford 1973, 38, 45.
[27] Deutsch a.a.O. 120.
[28] Greiner a.a.O. 65.
[29] DGFP, Series D, Bd. VII, 225.
[30] v. Manstein a.a.O. 153f.
[31] Seraphim a.a.O. 104.
[32] Greiner a.a.O. 79.
[33] Ibid. 104.
[34] P. E. Schramm, Hitler, Man and Military Leader, London 1972, Anhang II.
[35] v. Hassell a.a.O. 137, 141ff.

ZU KAPITEL 5

[1] Boelcke a.a.O. 105.
[2] W. Shirer, Berlin Diary, London 1941, Eintragung vom 6. 6. 1940.
[3] v. Hassell a.a.O. 164.

[4] Halder/KTB a.a.O. Bd. II, 283.
[5] R. Wheatley, Operation Sea Lion, Oxford 1958, 16.
[6] Wheeler-Bennett, Nemesis a.a.O. 509.
[7] Speer, Erinnerungen a.a.O. 173.
[8] W. Ansel, Hitler Confronts England, Duke, NC 1960, 108.
[9] Halder/KTB a.a.O. Bd. I, 374f.
[10] Ibid. Bd. II, 8.
[11] Ibid. 3.
[12] J. Erickson, The Soviet High Command, London 1962, 574.
[13] Halder/KTB Bd. II, 21.
[14] Ibid. 33.
[15] H. A. Jacobsen (Hrsg.), Kriegstagebuch des Oberkommandos der Wehrmacht, Frankfurt/Main 1965, Bd. I, 209.
[16] Leach a.a.O. 55ff.
[17] Greiner a.a.O. 116f, 292.
[18] Warlimont a.a.O. 64.
[19] Halder/KTB Bd. II, 33.
[20] Ibid. Anmerkung 41.
[21] Ibid. 46.
[22] Warlimont a.a.O. 126f.
[23] Halder/KTB a.a.O. Bd. II, 49f.
[24] G. Blumentritt, Rundstedt — The Soldier and Man, London 1952, 87.
[25] Thomas a.a.O. 233
[26] OKW/KTB Bd. I, 10.
[27] Thomas a.a.O. 229.
[28] Wheatley a.a.O. 139.
[29] Thomas a.a.O. 132.
[30] M. v. Creveld, Hitlers Strategy — The Balkan Clue, Cambridge 1973, 13.
[31] Hilger/Meyer a.a.O. 328.
[32] Halder/KTB Bd. II, 21.
[33] Maisky, Memoirs of a Soviet Ambassador, London 1967, 13.
[34] E. L. Woodward, British Foreign Policy in the Second World War, London 1962, 101—108.
[35] Hillgruber, Hitlers Strategie a.a.O. 236.
[36] N. Rich, Hitler's War Aims, London 1973, 162.
[37] Ibid. 205.
[38] Thomas a.a.O. 229.
[39] OKW/KTB Bd. I a.a.O. 257.

ZU KAPITEL 6

[1] OKW/KTB a.a.O. Bd. I, 5—11.
[2] Ibid. 31.
[3] A. Hillgruber, Staatsmänner und Diplomaten bei Hitler, München 1969, 84.
[4] OKW/KTB a.a.O. Bd. I, 64.
[5] Ibid. 115; Hillgruber, Staatsmänner a.a.O. 119.
[6] Kesselring a.a.O. 115f.
[7] OKW/KTB a.a.O. Bd. I, 32.
[8] Hillgruber, Staatsmänner a.a.O. 102.
[9] Halder/KTB a.a.O. Bd. II, 124.
[10] Hillgruber, Staatsmänner a.a.O. 145.
[11] R. Aron, Histoire de Vichy, Paris 1954, 309f.

[12] K. Bosl (Hrsg.), Das Jahr 1941 in der europäischen Politik, München 1972, 143 bis 146.
[13] Hassell a.a.O. 181.
[14] Hillgruber, Staatsmänner a.a.O. 117.
[15] Aron a.a.O. 312.
[16] Ibid. 428ff.
[17] Hillgruber, Hitlers Strategie a.a.O. 476.
[18] Hillgruber, Staatsmänner a.a.O. 85.
[19] Rich a.a.O. 182.
[20] M. v. Creveld a.a.O. 19.
[21] Hillgruber, Staatsmänner a.a.O. 208.
[22] Ibid. 145.
[23] Halder/KTB Bd. II, 249.
[24] v. Creveld a.a.O. 19.
[25] Hillgruber, Staatsmänner a.a.O. 208.
[26] OKW/KTB a.a.O. Bd. I, 124.
[27] v. Creveld a.a.O. 40—43
[28] OKW/KTB a.a.O. Bd. I, 123.
[29] v. Creveld a.a.O. Bd. I, 44—47.
[30] OKW/KTB a.a.O. Bd. I, 144.
[31] Ibid. 143.
[32] Ibid. 149f.
[33] M. Domarus, Hitler — Reden und Proklamationen, Neustadt 1962, 2209.
[34] H. Trevor-Roper (Hrsg.), Hitler's War Directives, London 1964, 40ff.
[35] OKW/KTB a.a.O. Bd. I, 81.
[36] Greiner a.a.O. 339.
[37] Schramm a.a.O. Anhang II.

ZU KAPITEL 7

[1] Hitler a.a.O. 173.
[2] Ibid. 722.
[3] E. L. Presseisen, Germany and Japan, Den Haag 1958, 8.
[4] Ibid. 81.
[5] Ibid. 112.
[6] NSDAP-Hauptarchiv, Mikrofilm Rolle 42, Ordner 857.
[7] H. Rauschning, Germany's Revolution of Destruction, London 1939, 203.
[8] Ibid. 198.
[9] K. Lange, Der Terminus „Lebensraum", VfZg, München 1965.
[10] Presseisen a.a.O. 68.
[11] Ibid. 193.
[12] E. Kordt, Wahn und Wirklichkeit, Stuttgart 1947, 222.
[13] Graf G. Ciano, Tagebücher 1939—1943, Bern 1946, Eintr. 19. 9. 1940.
[14] Presseisen a.a.O. 263.
[15] DGFP, Series D, Bd. XI, 247—258.
[16] Ibid. 291.
[17] Presseisen a.a.O. 271.
[18] Picker a.a.O. 354.
[19] Ribbentrop a.a.O. 147—150.
[20] Hillgruber, Hitlers Strategie, 190.
[21] Halder/KTB a.a.O. Bd. II, 158.
[22] Hillgruber, Staatsmänner a.a.O. 158—165.

[23] DGFP, Series D, Bd. XI, 508.
[24] Hillgruber, Staatsmänner a.a.O. 176.
[25] S. Bialer (Hrsg.), Stalin and his Generals, London 1970, 125.
[26] Hilger/Meyer a.a.O. 290f.
[27] Hillgruber, Staatsmänner a.a.O. 188.
[28] Kordt a.a.O. 287.
[29] L. Besymenski, Sonderakte Barbarossa, Stuttgart 1968, 1959.
[30] DGFP, Series D, Bd. XI, 714.
[31] Guderian a.a.O. 127.
[32] v. Creveld a.a.O. 92.
[33] Hillgruber, Staatsmänner a.a.O. 206ff.
[34] G. L. Weinberg, Germany and the Soviet Union, Leyden 1954, 140.
[35] Halder/KTB a.a.O. Bd. II, 90.
[36] Ibid. 155.
[37] Ibid. 178.
[38] Ibid. 198.
[39] Ibid. 203.
[40] Aron a.a.O. 431.
[41] Hilger/Meyer a.a.O. Bd. I, 328.
[42] Kordt a.a.O. 270.
[43] OKW/KTB a.a.O. Bd. I, 328.
[44] Trevor-Roper a.a.O. 58f.
[45] Hillgruber, Staatsmänner a.a.O. 244.
[46] DGFP, Series D, Bd. XIII, 84.
[47] Picker a.a.O. 282.
[48] Ribbentrop a.a.O. 154.
[49] Erickson a.a.O. 631.
[50] Reitlinger a.a.O. 70.

ZU KAPITEL 8

[1] Leach a.a.O. Anhang IV.
[2] OKW/KTB a.a.O. Bd. I, 328.
[3] Leach a.a.O. Anhang I.
[4] Ibid.
[5] Halder/KTB a.a.O. Bd. II, 214.
[6] Hillgruber, Hitlers Strategie a.a.O. 211.
[7] Halder/KTB a.a.O. Bd. II, 261.
[8] Hillgruber, Hitlers Strategie a.a.O. 459.
[9] Halder/KTB a.a.O. Bd. II, 461.
[10] Halder, Hitler als... a.a.O. 30f.
[11] Halder/KTB a.a.O. Bd. II, 227.
[12] Leach a.a.O. 94f.
[13] Erickson a.a.O. 54.
[14] Halder/KTB a.a.O. Bd. II, 283.
[15] OKW/KTB a.a.O. Bd. II, 290.
[16] Halder/KTB a.a.O. Bd. II, 345.
[17] Greiner a.a.O. 350.
[18] Halder/KTB a.a.O. Bd. II, 345.
[19] Ibid. 461.
[20] Ibid. 86.
[21] Hillgruber, Deutschlands Rolle a.a.O. 25, 44.

[22] Hilger/Meyer a.a.O. 329.
[23] Warlimont a.a.O. 65.
[24] Halder/KTB a.a.O. Bd. II, 396—397.
[25] Hillgruber, Hitlers Strategie a.a.O. 225.
[26] Guderian a.a.O. 137.
[27] J. R. M. Butler (Hrsg.), Grand Strategy, London 1957, II, 543.
[28] Erickson a.a.O. 536f.
[29] Bialer a.a.O. 59.
[30] Ibid. 157.
[31] Erickson a.a.O. 527.
[32] Besymenski a.a.O. 248.
[33] Ibid. 249.
[34] Erickson a.a.O. 584.
[35] Ibid. 506.
[36] W. Schellenberg, The Labyrinth, New York 1956, 25—28.
[37] Speer a.a.O. 184.
[38] Erickson a.a.O. 548.
[39] Leach a.a.O. Anhang I.
[40] Halder/KTB a.a.O. Bd. II, 50.
[41] IMT a.a.O. Bd. VII, 259.
[42] Halder, Hitler als... a.a.O. 37.
[43] Halder/KTB a.a.O. Bd. II, 210.
[44] Leach a.a.O. Anhang I.
[45] Warlimont a.a.O. 151.
[46] Leach a.a.O. Anhang II.
[47] Halder/KTB a.a.O. Bd. II, 211.
[48] OKW/KTB a.a.O. Bd. I, 233.
[49] Ibid. 258.
[50] A. Seaton, The Russo-German War, London 1971, 152.
[51] Blumentritt a.a.O. 104.
[52] Leach a.a.O. 142.
[53] Strik-Strikfeldt, Gegen Hitler und Stalin, Mainz 1970, 15.
[54] Halder/KTB a.a.O. Bd. II, 49.
[55] Schellenberg a.a.O. 191.
[56] Halder/KTB a.a.O. Bd. II, 49.
[57] Hillgruber, Hitlers Strategie a.a.O. 229.
[58] Halder/KTB a.a.O. Bd. II, 210.
[59] IMT, XXVI, 873-PS.
[60] H. E. Salisbury, Marshal Zhukov's Greatest Battles, London 1969, 154.
[61] OKW/KTB a.a.O. Bd. I, 256.
[62] Ibid. 224.
[63] Ibid. 360.
[64] v. Creveld a.a.O. 65.
[65] Picker a.a.O. 486.
[66] Schramm a.a.O. Anhang II.
[67] Erickson a.a.O. 573.
[68] v. Creveld a.a.O. 165.
[69] Trevor-Roper a.a.O. 49.
[70] OKW/KTB a.a.O. Bd. I, 360.
[71] Halder/KTB a.a.O. Bd. II, 332.
[72] Greiner a.a.O. 325.
[73] Boelcke a.a.O. 138.
[74] v. Creveld a.a.O. 166.

[75] Ibid. a.a.O. 170.
[76] Ibid. a.a.O. 177.
[77] IMT, XXVI, 873-PS, Greiner a.a.O. 383.
[78] Guderian a.a.O. 129.
[79] A. Hillgruber, Japan und der Fall Barbarossa, in: Wehrwissenschaftliche Rundschau, 1968.
[80] OKW/KTB a.a.O. Bd. I, 299.
[81] Ibid. 361.
[82] Bei Picker a.a.O. nicht nachgewiesen; im Original zitiert nach H. Trevor-Roper (Hrsg.), Hitler's Table Talk, London 1953, 71.

ZU KAPITEL 9

[1] Carroll a.a.O. Bd. I, 93.
[2] Carr a.a.O. 120.
[3] DGFP, Series C, Bd. V, 490.
[4] Thomas a.a.O. 300f.
[5] Ibid. 240.
[6] H. Boberach (Hrsg.), Meldungen aus dem Reich, München 1968, 29.
[7] Ibid. 133.
[8] Carroll a.a.O. 159.
[9] Ibid. 229.
[10] Thomas a.a.O. 160.
[11] Carroll a.a.O. 205.
[12] Thomas a.a.O. 197.
[13] Speer a.a.O. 192.
[14] Boelcke, Deutschlands Rüstung a.a.O. 80.
[15] A. S. Milward, German Economy at War, London 1965, 32.
[16] Im englischen Original nach der englischen Ausgabe von Guderian, Panzer Leader, zitiert (S. 260), im Deutschen bei Guderian a.a.O. nicht nachgewiesen.
[17] Carroll a.a.O. 2.
[18] Thomas a.a.O. 200.
[19] Ibid. 45.
[20] Ibid. 159.
[21] Ibid. 177.
[22] Ibid. 171.
[23] Ibid.
[24] Halder/KTB a.a.O. Bd. II, 79.
[25] Carroll a.a.O. 47f.
[26] Thomas a.a.O. 132.
[27] Ibid. 169.
[28] Hillgruber, Hitlers Strategie a.a.O. 457.
[29] Milward a.a.O. 137.
[30] Thomas a.a.O. 283.
[31] Ibid. 286.
[32] OKW/KTB a.a.O. Bd. I, 957f.
[33] Thomas a.a.O. 198.
[34] Ibid. 293.
[35] Ibid. 295.
[36] Görlitz a.a.O. 555.
[37] Thomas a.a.O. 146f.
[38] Ibid. 222.

[39] Ibid. 281.
[40] OKW/KTB a.a.O. Bd. I, 168.
[41] M. Riedl, Bergbau und Eisenhütteindustrie in der Ukraine, VfZg, München 1973.
[42] OKW/KTB a.a.O. Bd. I, 313.
[43] Ibid. 317.
[44] Thomas a.a.O. 254.
[45] OKW/KTB a.a.O. Bd. I, 317.
[46] Thomas a.a.O. 268.
[47] OKW/KTB a.a.O. Bd. I, 349.
[48] IMT, XXVII, 1157-PS.
[49] DGFP, D, 13, 40.
[50] Guderian a.a.O. 128.
[51] Seaton a.a.O. 142f.
[52] R. M. W. Kempner, Das Dritte Reich im Kreuzverhör, München 1969, 232.
[53] IMT, XXVI, 1058-PS.

ZU KAPITEL 10

[1] Hitler a.a.O. 202.
[2] Heiber, Lagebesprechungen a.a.O. 114f.
[3] Rauschning, Gespräche a.a.O. 196.
[4] Ibid. 200.
[5] Ibid. 14.
[6] Wheeler-Bennett, Forgotten a.a.O. 324.
[7] Cecil a.a.O. 169.
[8] Rauschning a.a.O. 118.
[9] IMT, VII, 272.
[10] Leach a.a.O. Anhang II.
[11] DGFP, D, XIII, 262f.
[12] Besymenski a.a.O. 39.
[13] IMT, VII, 262f.
[14] M. Broszat, Nationalsozialistische Polenpolitik, München 1965, 27.
[15] Picker a.a.O. 469.
[16] OKW/KTB a.a.O. Bd. I, 341.
[17] Halder/KTB a.a.O. Bd. II, 303.
[18] Warlimont a.a.O. 170.
[19] Ibid. 173f.
[20] Halder/KTB a.a.O. Bd. II, 336.
[21] Ibid.
[22] Strik-Strikfeldt a.a.O. 22.
[23] Kempner a.a.O. 87.
[24] Warlimont a.a.O. 180, IMT, XXVI, 884-PS.
[25] Strik-Strikfeldt a.a.O. 13f.
[26] Warlimont a.a.O. 170.
[27] DGFP, D, XIII, 28f.
[28] A. Dallin, German Rule in Russia, London 1957, 25.
[29] IMT, XXVI, 1017/19-PS.
[30] IMT, XXVII, 1157-PS.
[31] Dallin a.a.O. 64.
[32] Halder/KTB a.a.O. Bd. II, 336.
[33] DGFP, D, XIII, 149.

[34] H. Heiber, Generalplan Ost, VfZg, München 1958.
[35] Dallin a.a.O. 299.
[36] Koehl a.a.O. 227.
[37] Picker a.a.O. 421.
[38] Seaton a.a.O. 146.
[39] IMT, XXVII, 1517-PS.
[40] Strik-Strikfeldt a.a.O. 18.
[41] Ibid. 58.
[42] DGFP, D, XIII, 149.
[43] Seaton a.a.O. 221.
[44] Heiber, Lagebesprechung a.a.O. 113.
[45] Ibid. 45f.
[46] Strik-Strikfeldt a.a.O. 45.
[47] Reitlinger a.a.O. 396ff.
[48] Cecil a.a.O. 198.
[49] Dallin a.a.O. 329ff.
[50] Ibid. 238—243.
[51] Nationalarchiv der USA, EAP 99/110 (Mikrofilm).
[52] Manstein a.a.O. 173.

ZU KAPITEL 11

[1] DGFP, D, XIII, 40.
[2] Ibid. 61.
[3] Ribbentrop a.a.O. 159.
[4] Hillgruber, Staatsmänner a.a.O. 293—301.
[5] Ibid. 304f.
[6] Domarus a.a.O. Bd. II, 1762.
[7] Hilger/Meyer a.a.O. 335.
[8] Aus unveröffentlichten Texten in den Archiven des deutschen Auswärtigen Amtes.
[9] R. Gehlen, The Gehlen Memoires, London 1972, 39.
[10] IMT, VII, 255.
[11] Guderian a.a.O. 136.
[12] Blumentritt a.a.O. 98.
[13] v. Manstein a.a.O. 179.
[14] Bialer a.a.O. 179.
[15] DGFP, Third Series, Bd. IV, 412.
[16] Maisky a.a.O. 176.
[17] I. Deutscher, Stalin, Oxford 1949, 456.
[18] Ibid. 458f.
[19] Besymenski a.a.O. 251.
[20] Hilger/Meyer a.a.O. 335.
[21] Erickson a.a.O. 587.
[22] Bialer a.a.O. 60.
[23] Erickson a.a.O. 599.
[24] Bialer a.a.O. 164.
[25] Ibid. 170.
[26] Ibid. 240.
[27] Erickson a.a.O. 553—603.
[28] Bialer a.a.O. 143.
[29] Deutscher a.a.O. 468.

Namensregister